Lingo4you

Sprachführer
Spanisch

Heike Pahlow, Iciar Andraca Riffard

Nützliche Vokabeln und Redewendungen für den Urlaub

Weitere Bücher und Angebote zum Sprachenlernen
finden Sie auf unserer Webseite

www.lingo4u.de

LINGO4YOU

© Lingo4you, Machern bei Leipzig

Alle Rechte vorbehalten. Nachdruck, auch auszugsweise, nur mit ausdrücklicher Genehmigung gestattet.

1. Auflage 2010

ISBN: 978-3-8391-3847-2

Autoren: Heike Pahlow, Iciar Andraca Riffard
Gestaltung: Mario Müller
Lektorat: Miguel Cervantes Segundo

Herstellung und Verlag: Books on Demand GmbH, Norderstedt
Titelfoto: Fotolia X, Fotolia.com
Illustrationen: Stefanie Czapla

Bibliografische Information der Deutschen Nationalbibliothek

Die Deutsche Nationalbibliothek verzeichnet diese Publikation in der Deutschen Nationalbibliografie; detaillierte bibliografische Daten sind im Internet über dnb.d-nb.de abrufbar.

Printed in Germany

Inhalt

Aussprache

Vokale

Vokale sind *a, e, i, o, u*. Im Deutschen können die Vokale kurz (*k<u>o</u>mmen*) oder lang (*h<u>o</u>len*) ausgesprochen werden. Im Spanischen werden alle Vokale lang ausgesprochen.

Folgen zwei Vokale aufeinander, werden sie oft nicht einzeln sondern zusammen ausgesprochen (Diphtong):

la p<u>ie</u>rna [pjerna] – das Bein
el b<u>ai</u>lador [beilador] – der Tänzer
la canc<u>ió</u>n [kanzjon] – das Lied
el apl<u>au</u>so [aplauso] – der Applaus

Konsonanten

Im Folgenden einige Besonderheiten bei der Aussprache der Konsonanten:

Buchstabe		Aussprache	Beispiel
c	vor *a, o, u*	*k*	<u>c</u>aliente [kaljente] – heiß
	vor *e, i*	gelispeltes *z*	<u>c</u>ero [zero] – null
cu	vor Vokal	*kw*	<u>cu</u>enta [kwenta] – Rechnung
ch		*tsch*	mu<u>ch</u>o [mutscho] – viel
g	vor *a, o, u*	*g*	<u>g</u>amba [gamba] – Garnele
	vor *e, i*	*ch* (wie in Tuch)	<u>g</u>ente [chente] – Leute
gu	vor *a, o*	*g* mit kurzem *u*	<u>gu</u>ardia [gᵘardia] – Wache
	vor *e, i*	*g*	<u>gu</u>itarra [gitarra] – Gitarre
gü	vor *e, i*	*gu*	pin<u>gü</u>ino [pinguino] – Pinguin
h		wird nie ausgesprochen	<u>h</u>oy [eu] – heute
j		*ch* (wie in Tuch)	o<u>j</u>alá [ochala] – hoffentlich
ll		*j*	Ma<u>ll</u>orca [Majorka]
ñ		*nj*	ma<u>ñ</u>ana [manjana] – morgen
qu	vor *e, i*	*k*	<u>qu</u>eso [keso] – Käse
z		gelispeltes kurzes *s*	ta<u>z</u>a [tassa] – Tasse

Betonung

- Wörter, die auf *n, s* oder einem *Vokal* enden, werden auf der vorletzten Silbe betont:
  cantan (sie singen), *mujeres* (Frauen), *moderno* (modern)

- Wörter, die auf einem *Konsonant* (außer n, s) enden, werden auf der letzten Silbe betont:
  por favor (bitte), *feliz* (glücklich)

- Wörter, die anders als oben angegeben betont werden, tragen einen Akzent und werden auf dieser Silbe betont:
  alemán (deutsch), *música* (Musik)

Weitere Anmerkungen

o/a

Im Spanischen erkennt man die männliche und weibliche Form von Nomen und Adjektiven gewöhnlich an der Endung o/a. Für männliche Formen verwenden wir *o*, für weibliche Formen *a*.

Wenn Sie also sagen wollen, dass Sie ein aktiver Mensch sind, sagen Sie

als Mann: *soy activo*

als Frau: *soy activa*

Sprechen Sie über eine andere Person, richtet sich das Adjektiv nach dem Geschlecht der Person, über die Sie sprechen:

Er ist lustig – *Es divertido.*

Sie ist lustig. – *Es divertida.*

Sternchen

Im Spanischen müssen bestimmte Wendungen manchmal anders wiedergegeben werden als im Deutschen. Deshalb finden Sie in diesem Buch an einigen Stellen Wendungen mit Sternchen (z. B. beim Wetter).

Welche Form Sie einsetzen, richtet sich nach der Anzahl der Sternchen:

* Es ist sonnig – *Está despejado.*
** Es ist neblig. – *Hay niebla.*
*** Es ist heiß. – *Hace calor.*

Wichtige Sätze

Begrüßung

Hallo!	¡Hola!
Guten Morgen. (*bis 12 Uhr mittags*)	Buenos días.
Guten Tag. (*ab 12 Uhr mittags*)	Buenas tardes.
Guten Abend	Buenas tardes.

Verabschiedung

Tschüs!	Adiós.
Bis dann.	Hasta la vista.
Auf Wiedersehen.	Hasta luego.
Ich muss los.	Me tengo que ir.
Ich hab's eilig.	Tengo prisa.
Bis morgen.	Hasta mañana.
Bis später./Bis dann.	Hasta luego.
Bis bald.	Hasta pronto.
Bis heute Nachmittag.	Hasta esta tarde.
Bis heute Abend.	Hasta esta noche.
Gute Nacht.	Buenas noches.

Verständigungsschwierigkeiten

Ich verstehe nicht.	No entiendo.
Ich habe das nicht verstanden.	No he entendido.
Könnten Sie ... sprechen? langsamer lauter deutlicher	¿Podría hablar ..., por favor? más despacio más alto más claramente
Könnten Sie das bitte ...? wiederholen buchstabieren aufschreiben	¿Podría ..., por favor? repetir deletrearlo escribirlo
Was haben Sie gesagt?	¿Qué ha dicho?
Wie bitte?	¿Perdón?
Mein Spanisch ist nicht so gut.	Mi español no es muy bueno.
Sprechen Sie Deutsch/Englisch?	¿Habla alemán/inglés?
Wie heißt ... auf Spanisch?	¿Cómo se dice ... en español?

Höflichkeitsfloskeln

Ja./Ja, bitte.	Sí./Sí, por favor.
Nein./ Nein, danke.	No./ No, gracias.
Vielleicht.	Puede ser.
Ich weiß nicht.	No lo sé./No tengo ni idea.
Danke.	Gracias.
Bitte. *(gern geschehen)*	De nada.
Bitte. *(man bittet um etwas)*	Por favor.
Bitte. *(man übergibt etwas)*	Aquí tiene.
Entschuldigung. *(beim Ansprechen)*	Disculpe.
Entschuldigung./Es tut mir leid. *(um Verzeihung bitten)*	Lo siento./Lo lamento mucho.
Entschuldigen Sie mich kurz.	Disculpe un momento.

Wünsche/Glückwünsche

Viel Glück/Erfolg!	¡Suerte!/¡Buena suerte!
Viel Spaß!	¡Diviértete! *(du)*/¡Diviértase! *(Sie)*/ ¡Divertíos! *(ihr)*
Gute Reise!	¡Buen viaje!
Gute Besserung!	¡Recupérate pronto! *(du)*/ ¡Recupérese pronto! *(Sie)*
Viele Grüße an /Grüße/Grüßt ...	Saludos a ...
Herzlichen Glückwunsch zum Geburtstag!	Feliz cumpleaños.
Alles Gute!	Le deseo lo mejor.
Alles Gute zum Hochzeitstag!	¡Feliz aniversario!
Frohe Ostern!	¡Felices Pascuas!
Frohe Weihnachten!	¡Feliz Navidad!
Gesundes neues Jahr!	¡Feliz Año Nuevo!

Zustimmen und Ablehnen

Muss ich das tun?	¿Tengo que hacer eso?
Ich habe keine Lust.	No quiero.
Ich würde gern, aber ich kann nicht.	Me encantaría, pero no puedo.
Das ist toll/langweilig/okay.	Es genial/aburrido./No está mal.
Was meinst du?	¿Qué opinas?
Ich bin ganz Ihrer/deiner Meinung.	Estoy de acuerdo con usted/contigo.
Ich bin nicht Ihrer/deiner Meinung.	No estoy de acuerdo con usted/ contigo.

Sich kennenlernen

Sich und andere vorstellen

Darf ich mich vorstellen?	Deje que me presente.
Ich heiße ...	Me llamo ...
Ich bin ...	Soy ...
Wie heißt du?	¿Cómo te llamas?
Das ist ...	Éste/a es ...
Hallo, ... (*Name*)	Hola, ... (*nombre*)
Lisa, das ist Tom.	Lisa, éste es Tom.
Kennst du ... schon?	¿Conoce a ...?
Lass mich dir ... vorstellen.	Déjeme presentarle ...
Ich möchte dich jemandem vorstellen.	Me gustaría presentarte a alguien.
Schön, Sie kennenzulernen. Schön, dich kennenzulernen.	Encantado/a de conocerle. Encantado/a de conocerte.

Andere befragen

Wie heißen Sie?/ Wie heißt du?	¿Cómo se llama?/ ¿Cómo te llamas?
Wie alt sind Sie/bist du?	¿Cuántos años tiene/tienes?
Wo wohnen Sie?/ Wo wohnst du?	¿Dónde vive? ¿Dónde vives?
Woher kommen Sie?/ Woher kommst du?	¿De dónde es?/ ¿De dónde eres?
Haben Sie/Hast du ...? Geschwister Kinder Enkel Haustiere	¿Tiene/tienes ...? hermanos o hermanas hijos nietos mascotas
Bist du verheiratet?/ Sind Sie verheiratet?	¿Estás casado/a? ¿Está casado/a?

Familie

Ich bin ... Jahre alt.	Tengo ... años.

Ich wohne ...	Vivo ...
in ...	en ...
in der Nähe von ...	cerca de ...
in einem Vorort von ...	en las afueras de ...
auf dem Land	en el campo

Ich habe ...	Tengo ...
einen Bruder	un hermano
eine Schwester	una hermana
einen Sohn	un hijo
eine Tochter	una hija
einen Enkel(sohn)	un nieto
eine Enkelin	una nieta
eine Katze	un gato
einen Hund	un perro

Ich habe zwei ...	Tengo dos ...
Ich habe keine ...	No tengo ...
Brüder	hermanos
Schwestern	hermanas
Söhne	hijos
Töchter	hijas
Kinder	hijos
Enkelkinder	nietos
Haustiere	mascotas
Katzen	gatos
Hunde	perros

Er/Sie ist ... Jahre alt.	Él/ella tiene ... años.

Sie sind ... Jahre alt.	Ellos/ellas tienen ... años.

Ich bin Einzelkind.	Soy hijo único (*männl.*) Soy hija única. (*weibl.*)

Ich habe keine Geschwister.	No tengo ni hermanas ni hermanos.

Ich bin ...	Estoy ...
ledig	soltero/a
verliebt (in ...)	enamorado/a (de ...)
verlobt	comprometido/a
verheiratet (mit ...)	casado/a (con ...)
geschieden	divorciado/a
verwitwet	viudo/a

Staatsangehörigkeit

Ich bin ...	Soy ...
Du bist ...	Eres ...
Er ist ...	Él es ...
Sie ist ...	Ella es ...
Deutscher/Deutsche	alemán/alemana
Österreicher(in)	austriaco/a
Schweizer(in)	suizo/a
Spanier(in)	español/a
Ich komme aus ...	Soy de ...
Du kommst aus ...	Eres de ...
Er/Sie kommt aus ...	Él/ella es de ...
Wir/Sie kommen aus ...	Somos de/Son de ...
Ich wohne in ...	Yo vivo en ...
Du wohnst in ...	Tú vives en ...
Er/Sie wohnt in ...	Él/ella vive en ...
Wir wohnen in ...	Nosotros/as vivimos en ...
Sie wohnen in ...	Ellos/as viven en ...
Deutschland	Alemania
Österreich	Austria
der Schweiz	Suiza
Andorra	Andorra
Argentinien	Argentina
Bolivien	Bolivia
Chile	Chile
Costa Rica	Costa Rica
der Dominikanischen Republik	la República Dominicana
Ecuador	Ecuador
Guatemala	Guatemala
Honduras	Honduras
Kolumbien	Colombia
Kuba	Cuba
Mexiko	México
Panama	Panamá
Peru	Perú
Spanien	España
Venezuela	Venezuela
... *(Ortsname)*	... *(nombre del lugar)*

Über Personen sprechen

Charakter

Wie bist du vom Charakter?	¿Cómo eres?
Wie ist er/sie so?	¿Cómo es él/ella?

Ich bin .../Du bist .../Er/Sie ist ...	Soy .../Eres .../Él/Ella es ...
schüchtern, zurückhaltend	tímido/a
ruhig	callado/a
lebhaft	vivaracho/a
aktiv	activo/a
locker, zugänglich	de buen carácter, accesible
unkompliziert	franco/a
offen, kontaktfreudig	extrovertido/a
nett	agradable
freundlich	amigable, amable
lustig	divertido/a
fröhlich	feliz
selbstbewusst	seguro/a de sí mismo/a
eingebildet	engreído/a
arrogant	arrogante
unhöflich	maleducado/a
nervig	pesado/a
zickig	una arpía
launisch	lunático/a
stur	testarudo/a
mürrisch	cascarrabias
traurig	triste
aggressiv	agresivo/a
eine Nervensäge	insufrible
eine kleine Quasselstrippe	un charlatán/una charlatana

Aussehen

Wie siehst du aus? Wie sehen Sie aus?	¿Qué aspecto tienes?
Wie sieht er/sie aus?	¿Qué aspecto tiene?
Ich bin ... Du bist ... Er/Sie ist ...	Soy ... Eres ... Es ...
groß	alto/a
klein	bajito/a
dick	gordo/a
dünn, schlank	delgado/a
jung	joven
alt	mayor
hübsch (*Mädchen/Frau*)	preciosa/guapa
hübsch (*Junge/Mann*)	guapo
Ich trage ... Er/Sie trägt ...	Llevo ... Lleva ...
eine Brille	gafas
Kontaktlinsen	lentillas/lentes de contacto
Ohrringe	pendientes(m)
eine Kette	un collar
eine Mütze/Kappe	una gorra
einen Hut	un sombrero
einen Schlips	una corbata
eine Fliege	una pajarita
ein Tuch	una bufanda
einen Anzug	un traje
ein Kleid	un vestido
Ich habe ... Du hast ... Er/Sie hat ...	Tengo ... Tienes ... Tiene ...
ein eckiges Gesicht	la cara cuadrada
ein rundes Gesicht	la cara redonda
ein dreieckiges Gesicht	la cara triangular
ein ovales Gesicht	la cara ovalada
Ich habe ... Du hast ... Er hat ...	Soy ... Eres ... Es ...
eine Glatze	calvo

Aussehen

Ich habe .../Du hast ...	Tengo .../Tienes ...
Er/Sie hat ...	Tiene ...
einen Bart	barba
einen Schnauzbart	bigote
blonde Haare	el pelo rubio
rote Haare	el pelo rojizo
braune Haare	el pelo castaño
schwarze Haare	el pelo negro
kurze Haare	el pelo corto
lange Haare	el pelo largo
Locken	el pelo rizado/rizos
blaue/grüne Augen	los ojos azules/verdes
graue/braune Augen	los ojos grises/marrones
eine große Nase	la nariz grande
eine kleine Nase	la nariz pequeña
eine lange Nase	la nariz larga
eine Stupsnase	la nariz respingona
große Ohren	las orejas grandes
kleine Ohren	las orejas pequeñas
Segelohren	orejas de soplillo

Gemütslage

Ich bin heute (nicht) ...	Hoy (no) estoy ...
(nicht) gut drauf	en plena forma
total glücklich	muy contento/a
traurig	triste
müde	cansado/a
Ich habe heute zu nichts Lust.	Hoy no me apetece hacer nada.
Ich habe Heimweh.	Tengo morriña.
Bist du einsam?	¿Te sientes solo/a?
Hast du Heimweh?	¿Tienes morriña?

Hobbys

Was machst du in der Freizeit?	¿Qué haces en tu tiempo libre?
Mein Hobby ist ...	Mi afición es ...
Meine Hobbys sind ...	Mis aficiones son ...
interessant	interesante/es (*Einzahl/Mehrzahl*)
entspannend	relajante/es
aufregend	excitante/es
abenteuerlich	arriesgada/as
nichts besonderes	corriente/es

Magst du ...?/Ich mag ...	¿Te gustan ...?/Me gustan ...
Interessierst du dich für ...?	¿Te interesan ...?
Ich interessiere mich für ...	Me interesan ...
Sport	los deportes
Computer	los ordenadores
Tiere	los animales
Kampfsport	las artes marciales

Magst du ...?/Ich mag ...	¿Te gusta ...?/Me gusta ...
Interessierst du dich für ...?	¿Te interesa ...?
Ich interessiere mich für ...	Me interesa ...
Musik	la música
Kunst	el arte

Ich ... gern.	Me gusta ...
fotografiere	la fotografía
klettere	la escalada
tanze	bailar
jogge	salir a correr

Mein Hobby ist ...	Mi afición es ...
Lesen	la lectura
Malen	la pintura
Reiten	montar a caballo

Ich verbringe meine Freizeit mit ...	Mi tiempo libre me lo paso ...
Ich verbringe die meiste Zeit mit ...	Me paso la mayor parte del tiempo ...
Ich vertreibe mir die Zeit mit ...	Me paso el tiempo ...
Lesen	leyendo
Malen/Zeichnen	pintando/dibujando
Schwimmen	nadando
Radfahren	montando en bici
Musikhören	escuchando música
Fernsehen	viendo la tele

Ich spiele Fußball.	Juego al fútbol.

Ich spiele Gitarre.	Toco la guitarra.

14

Beruf

Was machst du beruflich?	¿A qué te dedicas?
Was machen Sie beruflich?	¿A qué se dedica?
Was macht er/sie beruflich?	¿A qué se dedica?
Ich bin ...	Soy ...
Du bist ...	Eres ...
Er/Sie ist ...	Es ...
Schüler/in	alumno/a
Student/in	estudiante
Azubi	aprendiz(a)
Angestellte(r)	empleado/a
Handwerker	comerciante
Hausfrau	ama de casa
Unternehmer/in	empresario/a
arbeitslos	desempleado/a
selbständig	autónomo/a
Ich arbeite bei ... *(Firma)*	Trabajo para ... *(empresa)*
Ich arbeite in ...	Trabajo en ...
Er/Sie arbeitet in ...	Trabaja en ...
einer Fabrik	una fábrica
einem Geschäft	una tienda
einem Supermarkt	un supermercado
einem Kaufhaus	unos grandes almacenes
einem Büro	una oficina
einer Bank	un banco
einer Autowerkstatt	un taller mecánico

Soy mecánico en un taller.

Siehe auch Berufsbezeichnungen auf der nächsten Seite.

Berufsbezeichnungen

Bauarbeiter/in	obrero/a de la construcción
Bäcker/in	panadero/a
Bauer/Bäuerin	granjero/a
Beamte(r)	funcionario/a
Büroangestellte(r)	oficinista
Dachdecker/in	techador(a)
Elektriker/in	electricista
Fleischer/in	carnicero/a
Fliesenleger/in	albañil
Friseur/in	peluquero/a
Ingenieur/in	ingeniero/a
Kellner/in	camarero/a
Kindergärtnerin	maestra en una guardería
Klempner/in	fontanero/a
Koch/Köchin	cocinero/a
Kraftfahrer/in	conductor(a)
Krankenschwester	enfermero/a
Lkw-Fahrer/in	camionero/a
Maurer/in	albañil
Mechaniker/in	mecánico/a
Musiker/in	músico/a
Pädagoge/Lehrer/in	profesor(a)
Polizist/in	oficial de policía
Programmierer/in	programador(a)
Schneider/in	sastre
Sekretärin	secretaria
Steuerberater/in	asesor(a) fiscal
Tischler/in	carpintero/a
Verkäufer/in	dependiente/a

Über den Ort sprechen

Fragen

Wo wohnst du?	¿Dónde vives?
Wie ist es in ... (*Ort*)?	¿Cómo es ... (lugar)?
Ist der Ort interessant?	¿Tiene interés ese lugar?
Was kann man in ... (*Ort*) unternehmen?	¿Qué se puede hacer en ... (lugar)?

Wo der Ort liegt

Ich wohne in ... (*Ort*)	Vivo en ... (*lugar*)
... (*Ort*) liegt ...	... (*lugar*) está ...
... (*Ort*) befindet sich ...	... (*lugar*) se encuentra ...
in den Bergen	en las montañas
in einem Tal	en un valle
am Meer	en la costa
in einem Nationalpark	en un parque nacional
an einem Fluss	en un río
am Fluss ...	en el río...
auf einer Insel	en una isla
in einem Industriegebiet	en una zona industrial
... (Ort) ist in der Nähe von ...	... (*lugar*) está cerca de ...
... (*lugar*) es ...	
... (*Ort*) ist ...	... (*lugar*) es ...
eine schöne Stadt	una ciudad preciosa
eine hässliche Stadt	una ciudad fea
eine Großstadt	una gran ciudad
eine Industriestadt	una ciudad industrial
ein kleines Dorf (in ...)	un pueblecito (en ...)
sehr alt	muy antigua
weltberühmt	mundialmente famosa
sehr interessant	muy interesante
ziemlich langweilig	bastante aburrida

Was man unternehmen kann

... (*Ort*) ist sehr sehenswert.	... (*lugar*) merece la pena.

In ... (*Ort*) kann man ...	En ... (*lugar*) se puede ...
eine Stadtrundfahrt machen	hacer un recorrido turístico
Museen besichtigen	visitar museos
shoppen gehen	ir de compras
sich erholen	relajar uno
wandern gehen	ir de excursión
Rad fahren	montar en bici

Was es im Ort gibt

... (*Ort*) hat ...	... (*lugar*) tiene ...
Es gibt ...	Hay ...
In der Nähe gibt es ...	En los alrededores hay ...
einen historischen Stadtkern	un centro histórico
interessante Sehenswürdigkeiten	vistas interesantes
ein Museum	un museo
eine Galerie	una galería de arte
ein Kino	un cine
einen Zoo	un zoo
ein Schwimmbad	una piscina
ein Freibad	una piscina al aire libre
ein Schloss, eine Burg	un castillo
eine Burgruine	las ruinas de un castillo
einen Palast, ein Schloss	un palacio
eine schöne Umgebung	unos alrededores bonitos
viele schöne Cafés und Restaurants	un montón de estupendas cafeterías y restaurantes
ein Denkmal	un monumento
einen Vergnügungspark	un parque de atracciones
viele nette Leute wie mich	un montón de gente como yo

Wofür der Ort berühmt ist

Der Ort ist berühmt für ...	El lugar es famoso por ...
seine Sehenswürdigkeiten	sus vistas
seine Geschichte	su historia
seine Festivals	sus festivales
seine Musikszene	su auditorio musical
die Schlacht von ...	la batalla de ...
Die Stadt ist berühmt als ...	La ciudad es famosa por ser ...
Geburtsort von ...	el lugar de nacimiento de ...
Austragungsort von ...	la llegada de ...
... fand dort/hier statt.	... tuvo lugar allí/aquí.

Berühmte Personen des Ortes

... *(Person)* wurde hier im Jahre ... geboren.	... *(persona)* nació aquí en ...
... *(Person)* lebte hier von ... bis ...	... *(persona)* vivió aquí de ... a ...
... *(Person)* starb hier.	... *(persona)* murió aquí.
... *(Person)* ist/war ...	... *(persona)* es/era ...
ein Künstler	un artista
ein Bildhauer	un escultor
ein berühmter Maler	un pintor famoso
ein Komponist	un compositor
ein(e) Schriftsteller(in)	un novelista, un escritor
ein Architekt	un arquitecto
ein König	un rey
eine Königin	una reina
ein Krieger	un guerrero
ein Entdecker	un explorador
ein Naturwissenschaftler	un naturalista
ein(e) Politiker(in)	un político
ein Schauspieler	un actor
eine Schauspielerin	una actriz
ein Sportler	un deportista
eine Sportlerin	una deportista
eine berühmte Persönlichkeit	una persona famosa

Touristinformation

In der Touristinformation

Ich möchte gern ...	Querría ..., por favor.
einen Stadtplan	un mapa de la ciudad
eine Stadtrundfahrt buchen	reservar una visita guiada
Können Sie ein Zimmer für mich buchen?*	¿Podría reservar una habitación a mi nombre, por favor?
Ich brauche ein Zimmer für zwei Personen.*	Necesito una habitación doble.
Können Sie mir ... empfehlen?	¿Me podría recomendar ...?
ein gutes Restaurant	un buen restaurante
ein preiswertes Hotel	un hotel barato
einige Sehenswürdigkeiten	unas buenas vistas
Bekomme ich hier Karten für ... ?	¿Puedo comprar aquí ...?
das Theater	entradas para el teatro
den Bus	billetes de autobús
die Straßenbahn	billetes de tranvía
die U-Bahn	billetes de metro
die Fähre	billetes de ferry
die Stadtrundfahrt	entradas para la visita guiada
die Tour nach ...	tiques para la visita de ...
Wie viel kostet ein Ticket?	¿Cuánto cuesta una entrada?
Gibt es eine Ermäßigung für ...?	¿Hay descuentos para ...?
Kinder	niños
Schüler	escolares
Studenten	estudiantes
Rentner	pensionistas
Wo geht die Tour los?	¿Dónde empieza la visita?
Wann geht die Tour los?	¿Cuándo empieza la visita?
Wie lange dauert die Tour?	¿Cuánto dura la visita?

* siehe Rubrik *Hotel*

Stadtbesichtigung

Sehenswürdigkeiten

Dieses Haus/Gebäude ...	Este edificio ...
Das Schloss ...	El castillo ...
ist sehr alt/modern	es muy antiguo/moderno
wurde im Jahr ... *(Jahr)* gebaut	fue construído en ... *(año)*
wurde von ... gebaut	fue construído por ...
ist ein Museum	es un museo
Die Kirche/Kathedrale ...	La iglesia/la catedral ...
ist sehr alt/modern	es muy antigua/moderna
wurde im Jahr... *(Jahr)/von* ... gebaut	fue construída en ... *(año)*/por ...
Im Museum kann man ... sehen.	En el museo se pueden ver ...
Gemälde	cuadros
Waffen und Rüstungen	armas y armaduras
Möbel des ... Jahrhunderts	mobiliario del siglo ...
Im Museum kann man sehen, wie ...	En el museo se puede ver cómo ...
arme Leute lebten	vivía la gente pobre
man im Mittelalter lebte	vivía la gente en el Medievo
Reiche im 17. Jahrhundert lebten	vivían los más ricos en el siglo 17
In der Kirche/Im Schloss gibt es ...	En la iglesia/En el castillo hay ...
ein Gemälde von ...	un cuadro de ...
einen sehr alten Altar	un altar muy antiguo
ein berühmtes Altarbild	un retablo famoso

Im Museum

Wie viel kostet der Eintritt?	¿Cuánto cuesta la entrada?
Zwei Erwachsene und ein Kind.	Dos adultos y un niño, por favor.
Gibt es Ermäßigung für Studenten?	¿Hay descuentos para estudiantes?
Darf man fotografieren?	¿Se puede hacer fotos?
Das Museum ist montags zu.	El museo cierra los lunes ...
Das Museum ist von 10 bis 18 Uhr geöffnet.	El museo abre de 10 de la mañana a 6 de la tarde.

nützliche Vokabeln

offen	abierto
geschlossen	cerrado
Eintrittspreis	precio de la entrada
ermäßigter Eintritt	precio reducido
Kind/Kinder	niño/niños
Erwachsener	adulto
Rentner, Pensionär	jubilados/pensionistas/tercera edad

Wegbeschreibung

Nach dem Weg fragen

Entschuldigung. Entschuldigen Sie bitte.	Disculpe.
Ich habe mich verlaufen.	Me he perdido.
Wie kommt man am besten ...?	¿Cuál es el camino más rápido para ir ..., por favor?
zum Bahnhof	a la estación
zur Bank	al banco
Wissen Sie, wie man zu ... kommt?	¿Sabe dónde se encuentra ..., por favor?
Können Sie mir sagen, wo ... ist?	¿Me podría decir dónde se encuentra ..., por favor?
Bahnhof	la estación
Busbahnhof	la estación de autobuses
Kino	el cine
Post	la oficina de correos
Bank	el banco
Touristinformation	la oficina de información turística
Hafen	el puerto
Museum	el museo
Opernhaus	la ópera
Wo ist die (nächste) ...?	¿Dónde está la ... más cercana?
Bushaltestelle	parada de autobús
Straßenbahnhaltestelle	parada de tranvía
Telefonzelle	cabina telefónica

Siehe auch Rubrik Unterwegs.

Den Weg beschreiben

Das weiß ich leider nicht.	Me temo que no lo sé.
Ich kenne mich hier nicht aus.	Yo tampoco soy de aquí.
Gehen Sie geradeaus.	Siga recto.
Gehen Sie geradeaus bis ...	Siga recto hasta ...
zur Ampel	el semáforo
zur Kreuzung	el cruce
zum Wegweiser	la señal
Gehen Sie ... (*Straße*) entlang.	Siga ... (*la calle*).
Kehren Sie um.	Dé media vuelta.

Den Weg beschreiben

Überqueren Sie die ... (Straße).	Cruce ... (la calle).
Biegen Sie ... links ab rechts ab links ab in die ... (Straße)	Gire ... a la izquierda a la derecha a la izquierda en ... (calle)
Biegen Sie die ... erste Straße links ab zweite Straße rechts ab	Tome ... la primera calle a la izquierda la segunda calle a la derecha
Überqueren Sie ... die Straße die Brücke den Fluss	Cruce ... la calle el puente el río

Wie man dorthin kommt

Nehmen Sie am besten ... den Bus die Straßenbahn die U-Bahn die S-Bahn	Es mejor que coja ... el autobús el tranvía el metro el tren de cercanías
Es sind nur 10 Min. mit ... dem Bus dem Auto	Sólo está a 10 minutos en ... autobús coche
Es ist nur ein kurzer Fußmarsch.	Andando se llega enseguida.

Wo sich etwas befindet

Das Kino ist ... auf der linken Seite auf der rechten Seite am Ende der Straße an der Ecke (gleich) um die Ecke	El cine está ... a la izquierda a la derecha al final de la calle en la esquina (justo) a la vuelta de la esquina
Das Museum ist ... gegenüber von ... in der Nähe von ... neben ... hinter ... vor ...	El museo está ... enfrente de la*/del**... cerca de la*/del**... junto a la*/al**... detrás de la*/del**... delante de la*/del**...
... der Post ... dem Restaurant	* oficina de correos ** restaurante
Das Geschäft ist zwischen der Bank und dem Museum.	La tienda se encuentra entre el banco y el museo.

Bank und Geldautomat

Bank

Gibt es hier in der Nähe ...?	¿Hay ... por aquí cerca?
eine Bank	un banco
eine Wechselstube	una oficina de cambio

Wo ist der (nächste) Geldautomat?	¿Dónde está el cajero automático más cercano?

Ich möchte ... wechseln.	Me gustaría cambiar ...
100 Euro	100 euros
200 Schweizer Franken	200 francos suizos

Ich möchte ... einlösen.	Me gustaría cobrar
einen Scheck	este cheque
diese Traveller-Schecks	estos cheques de viaje

Ich habe meine Geheimzahl vergessen.	No recuerdo mi clave secreta.

Ich habe meine ... verloren.	He perdido mi ...
EC-Karte	tarjeta de identidad bancaria
Kreditkarte	tarjeta de crédito

Der Geldautomat gibt meine Scheckkarte nicht mehr heraus.	El cajero automático no me devuelve la tarjeta.

Darf ich bitte ... sehen?	Me deja ver ..., por favor?
Ihren Ausweis	su DNI
Ihren Pass	su pasaporte
Ihre EC-Karte	su tarjeta de identidad bancaria

Unterschreiben Sie hier.	Firme aquí, por favor.

Post und Internetcafé

Post

Eine Briefmarke für ..., bitte.	Un sello para ..., por favor.
... Briefmarken für ..., bitte.	... sellos para ..., por favor.
Wie viel kostet eine Briefmarke für ...?	¿Cuánto cuesta un sello para ..., por favor?
einen Brief	una carta
eine Postkarte	una postal
... nach Deutschland	... Alemania
... nach Österreich	... Austria
... in die Schweiz	... Suiza
... nach Europa	... Europa
... innerhalb von Europa	... Europa
Eine Telefonkarte im Wert von ..., bitte.	Una tarjeta telefónica para ..., por favor.

Internetcafé

Ich brauche einen Computer mit/ohne Internetzugang.	Necesito un ordenador con/sin acceso a Internet
Kann ich an diesem Computer Dateien ... kopieren?	¿Puedo copiar archivos ... en este ordenador?
auf meinen USB-Stick	a mi memoria USB
von meiner Speicherkarte	desde mi tarjeta de memoria
Darf ich Dateien von meinem USB-Stick auf den Rechner kopieren?	¿Podría copiar archivos desde mi tarjeta de memoria?
Der Computer funktioniert nicht richtig.	Este ordenador no funciona bien ...
Er stürzt ständig ab.	No para de colgarse.
Könnten Sie mir bitte zeigen, wie es funktioniert?	¿Podría, por favor, enseñarme cómo funciona?

Im Fundbüro

Wo ist das Fundbüro?	¿Dónde está la oficina de objetos perdidos?

Ich habe ... verloren.	He perdido ...
mein Portemonnaie	mi monedero
meine Brieftasche	mi cartera
meine Kamera	mi cámara
mein Handy	mi móvil

Ich habe meine Kamera versehentlich ... liegen lassen.	Olvidé mi cámara ...
im Bus/Zug	en el autobús/tren
auf dem Bahnhof	en la estación
im Park	en el parque

Er/Sie/Es ist ...	Es ...
groß/klein	grande / pequeño/a
rund/eckig	redondo/a / cuadrado/a
etwa so groß	así de grande
weiß/schwarz	blanco/a / negro/a
blau/rot	azul / rojo/a
grün/gelb	verde / amarillo/a
lila/grau	púrpura / gris
orange/braun	naranja / marrón
rosa, pink	rosa

Wenn er/sie/es gefunden wird, könnten Sie ...?	En caso de que apareciera, ¿podrían, por favor, ...?
mich informieren	informarme de ello
diese Nummer anrufen	llamar a este número
mich unter dieser Adresse kontaktieren	comunicármelo a esta dirección

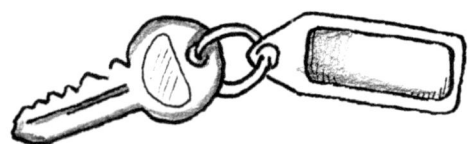

Flughafen

Wo muss ich einchecken für ...?
  Flug Nummer ...
  den Flug nach ...
	¿Dónde tengo que facturar para ...?
	  el vuelo número ...
	  el vuelo para ...

Wie viele Gepäckstücke geben Sie auf?	¿Cuántas maletas va a facturar?
Muss ich dieses Gepäckstück aufgeben?	¿Tengo que facturar esta bolsa?
Das müssen Sie aufgeben.	Tendrá que facturarla.
Möchten Sie am Fenster oder Gang sitzen?	¿Prefiere ala o pasillo?
Am Fenster. Am Gang.	Ala, por favor. Pasillo, por favor.
Für Übergepäck wird eine Gebühr von ... erhoben.	Tiene un cargo por excedente de equipaje de ...
Steigen Sie am Flugsteig ... ein.	El embarque tendrá lugar en la puerta ...
Seien Sie bitte 30 Minuten vor Abflug am Flugsteig.	Vayan a la puerta 30 minutos antes del embarque.
Gehen Sie sofort zum Flugsteig Nummer ...	Por favor, acudan inmediatamente a la puerta ...

Der Flug ...
  hat Verspätung
  wurde annulliert
	El vuelo ...
	  se ha retrasado
	  se ha cancelado

Wo ist Flugsteig Nummer ...?	¿Dónde esta la puerta número ...?
Halten Sie Ihre Bordkarte bereit.	Por favor, tengan a mano sus tarjetas de embarque.
Ich habe meinen Flug verpasst.	He perdido mi vuelo.
Wo ist das Gepäck für den Flug ...?	¿Dónde están las maletas del vuelo ...?

Bahnhof

Wie viel kostet ...?	¿Cuánto cuesta ...?

Eine ..., bitte.
  einfache Fahrt nach ...
  Hin- und Rückfahrt nach ...
	Un ..., por favor.
	  billete de ida para ...
	  billete de ida y vuelta para ...

Vier Fahrkarten nach ... mit Rückfahrt, bitte.	Cuatro billetes de ida y vuelta para ...
Wann fährt der nächste ...? Zug/Bus nach ...	¿A qué hora es el próximo tren/ autobús para ...?
Muss ich umsteigen?	¿Tengo que hacer trasbordo?
Wo muss ich umsteigen?	¿Dónde tengo que hacer trasbordo?
Ist das der Zug/Bus nach ...?	¿Es este el tren/autobús para ...?
Der Zug hat Verspätung.	El tren va con retraso.
Ich möchte eine Platzkarte für diesen Zug.	Quiero reservar una plaza en este tren.

Fähre

Wann geht die nächste Fähre nach ...?	¿A qué hora es el próximo ferry para ...?

Ein Fährticket für zwei Personen und ...
  ein Auto
  ein Wohnmobil
  ein Auto mit Anhänger
  ein Motorrad
  zwei Fahrräder
	Un billete para dos personas y ..., por favor.
	  un coche
	  una caravana
	  un coche con remolque
	  una moto
	  dos bicicletas

Ein Fußgängerticket, bitte.	Un billete para un pasajero de pie.
Ich brauche keine Kabine.	No necesito un camarote.
Ich möchte eine Kabine für 4 Personen buchen.	Me gustaría reservar un camarote para cuatro.
Wie lange dauert die Überfahrt?	¿Cuánto dura la travesía?
Dürfen wir im Auto bleiben?	¿Podemos quedarnos en el coche?
Wo ist die Kabine Nr. ...?	¿Dónde está el camarote número ...?

Passkontrolle und Zoll

Halten Sie bitte Ihre Ausweispapiere bereit.	Por favor, tengan sus pasaportes a mano para una inspección.
Füllen Sie bitte ... aus. das Einreiseformular die Zollerklärung	Por favor, rellene ... el formulario de inmigración la declaración de aduanas
Von wo reisen Sie ein?	¿De dónde viene?
Was ist der Grund Ihrer Einreise?	¿Cuál es el propósito de su visita?
Haben Sie etwas zu verzollen?	¿Algo que declarar?
Das ist zollpflichtig.	Tiene que pagar tasas sobre esto.

nützliche Vokabeln

Abfahrt/Abflug	las salidas/el despegue
Ankunft	las llegadas
Anzeigetafel	la pantalla de salidas y llegadas
Ausgang	la salida
Ausweis	el DNI
Bahnsteig	la terminal
Bordkarte	la tarjeta de embarque
Fahrkarte	el billete
Fahrkartenschalter	la taquilla
Fahrkartenautomat	la máquina expendedora de billetes
Flughafenbus	la lanzadera
Flugsteig/ Gate	la puerta de embarque
Gepäckaufbewahrung	la sala de entrega del equipaje
Gepäckausgabe	recoger las maletas
Pass, Reisepass	el pasaporte
Passkontrolle	el control de pasaportes
Platzkarte	la reserva de un asiento
Zoll	el control de aduanas

Unterwegs mit Taxi und Auto

Auto

Ihren Führerschein, bitte.	Su carné de conducir, por favor.
Wo ist der/die nächste ...?	¿Dónde está ... más cercano/a?
Werkstatt	el taller
Tankstelle	la gasolinera
Parkplatz	el aparcamiento/el parking
Bitte volltanken.	Llene el depósito, por favor.
... Liter ..., bitte.	... litros de ..., por favor.
Benzin	gasolina
bleifrei	gasolina sin plomo
Diesel	gasóleo
Ich habe eine Panne.	Mi coche se ha averiado.
Ich habe einen Platten.	He pinchado.
... funktioniert nicht (mehr).	... (ya) no funciona.
... funktionieren nicht.	... no funcionan.
... ist kaputt.	está roto.
... sind kaputt.	están rotos.
Das Auto verliert ...	El coche pierde ...
Öl	aceite
Wasser	agua
Treibstoff	gasolina
Ich hatte einen Unfall.	He tenido un accidente.
Könnten Sie bitte ... rufen?	¿Podría, por favor, llamar a ...?
einen Abschleppwagen	una grúa
die Polizei	la policía

Autoteile und Zubehör

Auto	el coche
Dach	el techo
Kofferraum	el maletero
Tank	el depósito
Licht	el foco
Blinklicht	el intermitente
Rad	la rueda
Ersatzrad	la rueda de repuesto
Reifen	el neumático
Rückspiegel	el retrovisor
Tür	la puerta
Türgriff	el tirador
Fensterheber	el elevalunas
Scheibenwischer	el limpiaparabrisas
Kupplung	el embrague
Bremse	el freno
Handbremse	el freno de mano
Gaspedal	el acelerador
Schaltknüppel	la palanca de cambio
Gang	la marcha
Handschuhfach	la guantera
Starterkabel	el starter/el cebador
Wagenheber	el gato
Warndreieck	el triángulo de emergencia

Taxi

Ich brauche ein Taxi ...	Necesito un taxi ...
für sechs Personen	para seis personas
für um sieben	para las siete en punto
zum Flughafen	para ir al aeropuerto
Zu welcher Adresse?	¿En qué dirección?
Das Taxi ist auf dem Weg.	El taxi está de camino.
Das Taxi ist gleich da.	Llegará en unos minutos.
Es könnte 20 Minuten dauern.	Tardará unos 20 minutos.
Es sind momentan leider keine Taxis verfügbar.	Me temo que no hay taxis disponibles por el momento.
Auf welchen Namen?	¿Me dice su nombre, por favor?
Wohin möchten Sie?	¿A dónde quiere ir?
Ich möchte gern ...	Me gustaría ir a ...
in die ...-Straße	la calle ...
zum Bahnhof	la estación
zu dieser Adresse	esta dirección
Bitte anschnallen.	Por favor, abróchese el cinturón.

nützliche Vokabeln

Straße	la calle (in Ortschaften) la carretera (außerhalb von Orten)
Autobahn	la autopista
Fahrspur	el carril
Ampel	el semáforo
Kreisverkehr	la rotonda
Vorfahrt beachten	ceder el paso
Keine Einfahrt	prohibida la entrada
Einbahnstraße	dirección única
Parkverbot	prohibido aparcar
Halteverbot	prohibido parar
Überholverbot	prohibido adelantar
Umleitung	el desvío
Straßenarbeiten	obras
Vorsicht, Unfall!	¡atención, accidente!
Einfahrt freihalten!	¡No aparcar!
Parkscheinautomat	el parquímetro
Parkschein	el tique de estacionamiento

Auto mieten

Mietauto und Mietdauer

Ich möchte gern ein Auto mieten.	Quisiera alquilar un coche.
Kann ich bei Ihnen ein Auto mieten?	¿Podría alquilar aquí un coche?
Haben Sie reserviert?	¿Tiene una reserva?
Welche Klasse wünschen Sie?	¿Qué gama desea?
Möchten Sie einen/ein ...?	¿Le gustaría ...?
Ich hätte gern einen/ein ...	Quisiera ..., por favor.
Ich möchte einen/ein ...	Quiero ...
Wie viele passen in einen/ein ...?	¿Cuántas personas caben en ...?
Wie viel kostet ein ...?	¿Cuánto cuesta ...?
Ich nehme einen/ein ...	Cogeré ...
Kleinwagen	un coche pequeño
Mittelklassewagen	un coche de gama media
Luxuswagen	un coche de lujo
Geländewagen	un coche todo terreno
Lieferwagen	una furgoneta
Cabrio	un cabriolé
Wohnmobil	una autocaravana
Ich nehme den/das ...	Cogeré el/la ...
Zurzeit ist kein Auto dieser Klasse verfügbar.	No tenemos ningún vehículo de este tipo disponible ahora mismo.
Wann brauchen Sie das Auto?	¿Cuándo necesita el vehículo?
Für wie lange wollen Sie das Auto mieten?	¿Cuánto tiempo necesitará el vehículo?
Wie lange brauchen Sie das Auto?	¿Cuánto tiempo necesitará el coche?
Wann bringen Sie das Auto zurück?	¿Cuándo devolverá el vehículo?
Kann ich das Auto an einem anderen Ort zurückgeben?	¿Puedo devolver el coche en otro sitio?
Ich möchte ein Auto für ... mieten.	Quisiera alquilar un coche para ...
einen halben Tag	medio día
einen Tag	un día
drei Tage	tres días
eine Woche	una semana
zwei Wochen	dos semanas

Mietauto und Mietdauer

Ich brauche ein/das Auto ...
   jetzt gleich
   für morgen
   für den ... (10. August)
   bis zum ... (3. Juli)
   von ... bis ...
	Necesito un/el coche ...
	   ahora
	   para mañana
	   para ... (el 10 de agosto)
	   hasta ... (el 3 de julio)
	   del ... al ...

Möchten Sie eine Versicherung abschließen?	¿Quiere un seguro para el coche?
Wie viel kostet eine Versicherung?	¿Cuánto cuesta el seguro?
Was für eine Versicherung brauche ich?	¿Qué seguro necesito?

Mietbedingungen

Füllen Sie bitte das Formular aus.	Por favor, rellene el formulario.
Aus welchem Land kommen Sie?	¿De qué país es usted?
Wer wird das Auto fahren?	¿Quién será el conductor?
Wie viele Fahrer?/ Wie viele Leute fahren?	¿Cuántos van a conducir?
Der Fahrer muss mindestens ... Jahre alt sein.	El conductor debe tener al menos ... años
Darf ich ... sehen?	¿Me puede enseñar ...?

Ich brauche bitte ...
   Ihren Führerschein
   Ihren Pass
   Ihre Kreditkarte
	Necesito ver su ...
	   carné de conducir
	   pasaporte
	   tarjeta de crédito

Sie können das Auto ... abholen.
   draußen/unten
	Puede recoger el coche
	   fuera/abajo

Der Tank ist voll.	El depósito está lleno.
Geben Sie das Auto bitte mit vollem Tank wieder ab.	Llene el depósito antes de devolver el coche.
Bringen Sie das Auto bitte bis ... zurück.	Devuelva el coche antes de ...
Sie müssen das Auto bis ... abgegeben haben.	Tendrá que devolver el coche antes de ...

nützliche Vokabeln

Formular	el formulario
Vorname	el nombre
Nachname	el apellido
Unterschrift	la firma
Adresse	la dirección
Wohnort	el lugar de residencia
Staatsangehörigkeit	la nacionalidad
Datum	la fecha
Uhrzeit	la hora
Ort	el lugar
Abholung	la recogida
Rückgabe	la entrega
Autovermietung	el alquiler de coches
Stellplatz	el aparcamiento
Allradantrieb	la tracción a las cuatro ruedas
Frontantrieb	la tracción delantera
Heckantrieb	la tracción trasera
Automatikgetriebe	el cambio automático
Knüppelschaltung	la palanca de cambios
Lenkrad-Wippschaltung	levas del cambio en el volante
Benzinmotor	el motor de gasolina
Dieselmotor	el motor diesel
Insassenversicherung	el seguro para pasajeros
Kaskoversicherung	el seguro a todo riesgo
Selbstbeteiligung	la franquicia
Haftpflichtversicherung	el seguro de daños a terceros
Unfallversicherung	el seguro de accidentes

Notfälle

Allgemeine Wendungen

Vorsicht!/Pass auf!	¡Cuidado!
Hilfe!	¡Ayuda!
Feuer!	¡Fuego!
Halt!	¡Pare!
Dieb!	¡Al ladrón!
Rette sich, wer kann!	¡Sálvese quien pueda!

Rufen Sie ...!
   die Polizei
   einen Krankenwagen
   die Feuerwehr
	¡Llame ...!
	   a la policía
	   a una ambulancia
	   a los bomberos

Wählen Sie die Notrufnummer!	Llame a emergencias.
Ich möchte die (deutsche) Botschaft anrufen.	Quisiera llamar a la embajada (alemana).
Holen Sie Hilfe!	¡Corra y pida ayuda!

Unfall

Es ist ein Unfall passiert.	Ha habido un accidente.
Ich hatte Vorfahrt.	Yo tenía la preferencia.
Sie haben die Vorfahrt nicht beachtet!	¡No ha hecho el ceda el paso!

Ich habe ... nicht gesehen.
   das Stop-Schild
   den Fußgänger
   den Radfahrer
   das andere Auto
	No he visto ...
	   el stop
	   al peatón
	   al ciclista
	   el otro coche

Das Auto ...
   ist viel zu schnell gefahren
   schleuderte in mein Auto
   liegt auf dem Dach
   brennt
	El coche ...
	   estaba acelerando
	   chocó contra mi coche
	   ha dado la vuelta de campana
	   está en llamas

Der Fahrer hat Fahrerflucht begangen.	El conductor se dio a la fuga.
Das Kennzeichen des Autos ist/ war ...	La matrícula del coche es/era ...
Das ist ein Mietwagen.	Es un coche de alquiler.
Stellen Sie bitte das Warndreieck auf.	Por favor, ponga el triángulo de emergencia.

Erste Hilfe leisten

Sind Sie verletzt?	¿Está herido/a?
Mir geht es gut.	Estoy bien.
Ich bin verletzt.	Estoy herido/a.
Ich glaube, mein Arm/Bein ist gebrochen.	Creo que me he roto un brazo/una pierna.
Ich kann mich nicht bewegen.	No puedo moverme.
Ich brauche Hilfe.	Necesito ayuda.
Jemand ist (schwer) verletzt.	Alguien está (gravemente) herido.
Können Sie erste Hilfe leisten?	¿Puede darle los primeros auxilios?
Wir müssen ihn/sie wiederbeleben.	¡Tenemos que reanimarlo/a!
Er/Sie ist ohnmächtig.	Está inconsciente.
Er/Sie ist ohnmächtig geworden.	Se ha desmayado.
Er/Sie blutet stark.	Está sangrando mucho.
Er/Sie steht unter Schock.	Está en estado de shock.
Ich glaube, er/sie hat innere Verletzungen.	Creo que tiene heridas internas.
Der Verletzte hat einen hysterischen Anfall.	El herido está histérico.
Bleiben Sie ruhig!	¡Mantenga la calma!
Reden Sie mit mir!	¡Hábleme!
Hilfe ist unterwegs.	¡La ayuda está en camino!
Der Krankenwagen kommt.	La ambulancia está en camino.

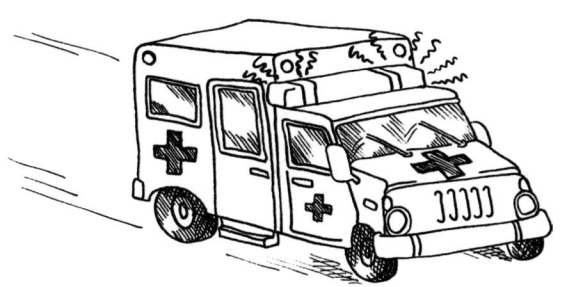

Kriminaldelikte

Ich bin beraubt/überfallen worden.	Me han atracado.

Jemand wurde ...
   zusammengeschlagen
   ausgeraubt
   ermordet
	Han ... a alguien.
	   golpeado
	   atracado
	   asesinado

Ich möchte eine(n) ... melden.
   Schlägerei
   Messerstecherei
   Überfall
	Llamo para denunciar ...
	   una pelea/reyerta
	   un apuñalamiento
	   un atraco

Kommen Sie bitte sofort!	¡Por favor, venga inmediatamente!

Das Opfer erlitt (tödliche) Stichverletzungen.	La víctima fue apuñalada (a muerte).

Jemand hat in ... eingebrochen.
   mein Auto
   meine Ferienwohnung
   mein Zimmer
	Han entrado a robar en ...
	   mi coche
	   mi apartamento de vacaciones
	   mi habitación

Man hat ... gestohlen.
   mein Geld
   meine Brieftasche
   meine Handtasche
   meinen Reisepass
   meine Wertsachen
   mein Auto
	Alguien me ha robado ...
	   el dinero
	   la cartera/el monedero
	   el bolso
	   el pasaporte
	   mis objetos de valor
	   el coche

(Mein/e) ... ist/sind gestohlen worden.	Me han robado ...

Dinge ausleihen

Fortbewegungsmittel*

Ich möchte ... ausleihen.	Me gustaría alquilar un ..., por favor.
Kann ich hier ... ausleihen?	¿Puedo alquilar aquí un ...?
Wo kann ich ... ausleihen?	¿Dónde puedo alquilar ...?
ein Fahrrad	una bicicleta/una bici
einen Motorroller	una motocicleta
ein Jet-Ski	una moto de agua
ein Motorboot	un barco de motor
ein Segelboot	un velero
ein Ruderboot	un bote de remos
ein Tretboot	un pedaló/un patín
ein Kanu	una canoa
Ich brauche es/ihn/sie für ...	Lo/La necesito para ...
Ich möchte es/ihn/sie für ...	Lo/La quiero para ...
Kann ich es/ihn/sie für ... haben?	¿Podría alquilarlo/la para ...?
Wie ist die Leihgebühr für ...?	¿Cuánto costaría el alquiler de ...?
Wie viel kostet es für ...?	¿Cuánto cuesta el alquiler de ...?
eine Stunde	una hora
zwei Stunden	dos horas
einen halben Tag	medio día
den ganzen Tag	todo el día
zwei Tage	dos días
eine Woche	una semana
Ich möchte es/ihn/sie bis Freitag ausleihen.	Me gustaría alquilarlo/la hasta el viernes.
Ich bringe es/ihn/sie ... zurück.	Lo/La devolveré ...
am Nachmittag	por la tarde
am Abend	por la noche
bis 20 Uhr	a las ocho (de la tarde) como mucho
morgen	mañana
am Montag	el lunes
Muss ich eine Kaution zahlen?	¿Tengo que dejar una fianza?
Sie müssen einen Pfand hinterlegen.	Tiene que pagar una fianza.

Fortbewegungsmittel*

Das kostet ...	Serán ...
Wir berechnen dafür ...	Cuesta ...
Zahlen Sie den Rest, wenn Sie zurückkommen.	Pagará el resto cuando lo devuelva.
Die Kaution bekommen Sie wieder, wenn Sie zurückkommen.	Se le devolverá la fianza a su vuelta.
Können Sie einige Ausflugsziele empfehlen?	¿Puede recomendarme algún sitio de interés?
Welche Route/Strecke können Sie empfehlen?	¿Qué ruta nos recomienda?
Wie ist die Strecke?	¿Cómo es la ruta?
Wie lang ist diese Strecke?	¿Es un trayecto largo?
Ist es eine leichte Strecke?	¿Es un trayecto fácil?

siehe auch Rubrik Auto mieten

Was man sonst noch ausleihen kann

Badelatschen	las chancletas/chanclas
Bademantel	el albornoz
Badehandtuch	la toalla de baño
Bügelbrett	la tabla de planchar
Bügeleisen	la plancha
Sportgeräte	el material deportivo
Ball	el balón/la pelota
Basketball	el balón de baloncesto
Fußball	el balón de fútbol
Handball	la pelota de balonmano
Tennisball	la pelota de tenis
Volleyball	la pelota de voleibol
Wasserball	la pelota de waterpolo
Liegestuhl	la tumbona
Luftmatratze	una colchoneta hinchable
Schwimmreifen	el flotador
Schwimmflügel	los manguitos
Schwimmflossen	las aletas
Schnorchel	el tubo de bucear
Taucherbrille	las gafas de buceo
Tauchausrüstung	el material de buceo
Neoprenanzug	el traje de neopreno
Strandkorb	la tumbona de playa
Inliner	los patines en línea
Skier	los esquís
Skistiefel	las botas de esquiar
Schneeschuhe	las botas de nieve
Sonnenschirm	la sombrilla
Skianzug	el peto/buzo de esquí
Schlitten	el trineo

Sportaktivitäten

Mitspieler

Team, Mannschaft	el equipo
Spieler	el jugador
Torwart	el portero
Libero	el líbero
Stürmer	el delantero
Verteidiger	el defensa
Mittelfeldspieler	el medio
Mannschaftskapitän	el capitán
Auswechselspieler	el suplente
Schiedsrichter, Schiri	el árbitro

Was man zum Spielen braucht

Spielfeld	el campo/el terreno de juego
Tor	el gol
Netz	la red
Korb	la canasta
Pfeife	el silbato
pfeifen	silbar
Ball	el balón/la pelota
Federball	el volante
Puck	el disco
Tennisschläger	la raqueta
Badmintonschläger	la raqueta de bádminton
Tischtennisschläger	la pala de ping-pong
Tischtennisplatte	la mesa de ping-pong
Baseballschläger	el bate de béisbol
Hockeyschläger	el palo de hockey
Golfschläger	el palo de golf
Queue	el taco de billar

Sportarten

Fußball	el fútbol
Handball	el balonmano
Volleyball	el voleibol
Basketball	el baloncesto
Tennis	el tenis
Tischtennis	el tenis de mesa/el ping-pong
Badminton	el bádminton
Schwimmen	la natación
Joggen	correr/el footing
Aerobic	el aeróbic
Kraftsport	el atletismo
Ausdauertraining	el entrenamiento de fondo

Beim Spielen

Wir spielen um Aufschlag.	Sacamos nosotros.
Ich habe Aufschlag/Angabe.	Me toca servir/sacar.
Du musst die Angabe von der anderen Seite machen.	Tienes que sacar del otro lado.
Ich habe ein Tor geschossen!	¡He marcado un gol!
Ich habe einen Korb geworfen!	¡He encestado una canasta!
Mist! Daneben!	¡Maldición, he fallado!
Hier!, Hierher!	¡Aquí!
Deiner!, Du!, Nimm du!	¡Tuya!, ¡Es tuya!
Meiner!, Ich!	¡Mía!, ¡Es mía!
Nicht!, Lass!	¡Déjala!
Wer liegt vorn?	¿Quién gana?
Wie steht es?	¿Cómo van?
Wer hat das Tor/den Punkt gemacht?	¿Quién ha marcado?
Es steht zwei zu eins für ...	Van dos a uno a favor de ...
Es ist unentschieden.	Van empate.
Wir haben gewonnen.	Hemos ganado.
Sie gewinnen immer.	Siempre ganan ellos.

Seine Mannschaft unterstützen

Mach schon, schieß ein Tor!	¡Vamos, marca gol!
Tor!	¡Gol!
Lauf!	¡Corre!
Los, los, los!	¡Vamos,vamos,vamos!
Schieß!	¡Chuta!
Spiel den Ball!	¡Juega la pelota!
Spiel den Ball ab!	¡Pasa la pelota!
Pass auf!	¡Cuidado!
Greif an!, Attacke!	¡Ataca!
Los, du kriegst den Ball!	¡Ve a por la pelota!
Gut gespielt!	¡Buena jugada!
Gut gemacht!	¡Bien hecho!
Hurra!, Juchhu!	¡Hurra!
Faul!	¡Gandul!
Abseits!	¡Fuera de juego!
Aus!	¡Fuera!
Handspiel!/Hand!	¡Mano!
Oh nein!	¡Oh no!
Mist!	¡Mierda!
Anfängerglück!	¡La suerte del principiante!
Pech!, Pech gehabt!	¡Mala suerte!
Schade!	¡Qué pena!
Nächstes Mal haben wir mehr Glück.	Tendremos más suerte la próxima vez.

Restaurant

Tisch und Speisen wählen

Ein Tisch für 4 Personen, bitte.	Una mesa para cuatro, por favor.
Raucher	fumadores
Nichtraucher	no fumadores
Die Speisekarte, bitte.	La carta, por favor.
Haben Sie schon gewählt?	¿Saben ya lo que van a pedir?
Ein Glas Bier.	Una caña/cerveza.
Zwei Gläser Rotwein.	Dos vasos de vino tinto.
Einen Orangensaft.	Un zumo de naranja.
Eine Tasse Tee.	Una taza de té.
Ich nehme das Menü Nummer ...	Tomaré el menú número ...

Etwas fehlt

Könnten Sie mir bitte ein(e/en) ... bringen?	¿Podría traerme ..., por favor?
Messer	un cuchillo
Gabel	un tenedor
Löffel	una cuchara
Teelöffel	una cucharilla
Teller	un plato
Schüssel	un tazón
Glas	un vaso
Tasse	una taza
Flasche	una botella
Serviette	una servilleta
Könnten ich bitte etwas ... haben?	¿Me podría traer ..., por favor?
Salz	la sal
Pfeffer	la pimienta
Parmesan	el queso parmesano

Nach dem Essen

Hat es Ihnen geschmeckt?	¿Estaba todo a su gusto?
Es war lecker./ Es war sehr gut.	Estaba delicioso.
Es war okay.	No estaba mal.
Möchten Sie ein Dessert?	¿Desea tomar postre?
Ja, bitte.	Sí, por favor.
Nein, danke.	No, gracias.
Könnte ich bitte noch ein … haben?	¿Podría traerme otro/a …, por favor?
Die Rechnung bitte.	La cuenta, por favor.
Nehmen Sie Kreditkarten?	¿Aceptan tarjetas de crédito?

Trinkgeld

Ähnlich wie bei uns sollte man auch in Spanien etwas Trinkgeld geben. Dies geschieht aber nicht gleich beim Bezahlen. Vielmehr lässt man sich erst das gesamte Wechselgeld zurückgeben und lässt beim Gehen etwas Trinkgeld auf dem Tisch zurück.

Speisen

Brot	el pan
Brötchen	el panecillo
Käse	el queso
Suppe	la sopa
Kartoffeln	las patatas
Pommes frites	las patatas fritas
Reis	el arroz
Nudeln	la pasta

Speisen

Eier	los huevos
Rühreier	los huevos revueltos
Spiegeleier	los huevos fritos
gekochte Eier	los huevos pasados por agua
Hähnchen/Hühnchen	el pollo
Fisch	el pescado
Fleisch	la carne
Schweinefleisch	el cerdo
Rindfleisch	el buey
Hackfleisch	la carne picada
Wild (Reh, Hirsch)	la carne de venado

Getränke

Mineralwasser	el agua, agua mineral
Wasser mit Kohlensäure	agua con gas
Wasser ohne Kohlensäure	agua sin gas
Saft	el zumo
Orangensaft	de naranja
Apfelsaft	de manzana
Tomatensaft	de tomate
Limonade	la limonada
Milch	la leche
Tee	el té
Kaffee	el café
heiße Schokolade	el chocolate caliente
Bier	la cerveza
Wein	el vino
Rotwein	el vino tinto
Weißwein	el vino blanco
trocken	el vino seco
halbtrocken	el vino semiseco
lieblich	el vino dulce
Sekt	el champán/cava

Spanische Gastronomie

Fisch und Meeresfrüchte

almejas	Venusmuscheln
arroz negro	Tintenfisch (mit Tinte) in Reis gegart
atún, bonito	Thunfisch
bacalao	Kabeljau
besugo	Seebrasse
boquerones	Sardellen
caballa	Makrele
calamares	Tintenfisch
calamares a la romana	Tintenfischringe
chipirones	kleine Tintenfische
gambas	Garnelen, Schrimps
langosta	Hummer
langostino	Riesengarnele
lenguado	Seezunge
lubina	Seebarsch
mejillones	Miesmuscheln
merluza	Seehecht
paella	Reispfanne mit Meeresfrüchten/Fleisch
perca	Barsch
pescado	Fisch
pescado a la marinera	Fisch in Tomaten-Wein-Sauce
pez espada, emperador	Schwertfisch
platija	Scholle
pulpo	Octopus
rape	Seeteufel
rodaballo	Steinbutt
salmón	Lachs
trucha	Forelle
zarzuela de mariscos	Meeresfrüchtepfanne

Fleisch

albóndigas	Fleischklößchen
asado	Braten
chorizo	Paprikasalami
chuleta	Kotelett
hígado	Leber
jamón	Schinken
pato	Ente
rabo de buey	Ochsenschwanz
salchichón	Salami
solomillo	Lende

Tapas

Viele Restaurants in Spanien führen Tapas – Appetithäppchen aus Fleisch, Fisch, Meeresfrüchten oder Gemüse. Tapas sind eine wunderbare Gelegenheit, die Vielfalt der spanischen Küche in kleinen Portionen zu genießen.

Vegetarisch

aceitunas	Oliven
alcachofa	Artischocke
berenjena	Aubergine
calabacín	Zucchini
cebolla	Zwiebel
col de Bruselas	Rosenkohl
coliflor	Blumenkohl
espárragos	Spargel
gazpacho	kalte Tomatensuppe mit versch. Gemüse
guisantes	Erbsen
judías, alubias	Bohnen
pepino	Gurke
pimiento	Paprikaschote
puerros	Lauch
tortilla de patatas	Omelett mit Kartoffeln
zanahorias	Möhren

Übernachtung

Gast

Ich möchte ... buchen.	Quiero reservar ...
Kann ich für heute Nacht ... haben?	¿Tiene ... para esta noche?
Ich brauche ... für eine Nacht/ Woche.	Necesito ... para una noche/semana.
Ich brauche ... für zwei Nächte/ Wochen.	Necesito ... para dos noches/ semanas.
einen Stellplatz für meinen Wohnwagen	un emplazamiento para mi caravana
ein Bett in einem Schlafsaal	una cama en un dormitorio
ein Einzelzimmer	una habitación sencilla
ein Doppelzimmer *(mit Doppelbett)*	una habitación doble con cama de matrimonio
ein Zweibettzimmer *(mit getrennten Betten)*	una habitación doble con dos camas
ein Familienzimmer *(mit Aufbettung)*	habitación familiar *(con cama supletoria)*
... mit Bad	... con bañera
... mit Dusche	... con ducha
... mit Klimaanlage	... con aire acondicionado
... mit Balkon	... con balcón
... mit Terrasse	... con terraza

Wie viel kostet das Zimmer?	¿Cuánto cuesta la habitación?

Ist der Preis inklusive ...?	¿El precio incluye ...?
Frühstück	el desayuno
Halbpension	la media pensión
Vollpension	la pensión completa

Kann ich mir das Zimmer ansehen?	¿Puedo ver la habitación?

Wo ist der Speisesaal?	¿Dónde está el comedor?

Wann gibt es Frühstück?	¿A qué hora es el desayuno?

Rezeptionist

Wann wollen Sie anreisen?	¿A qué hora tiene previsto llegar?
Wie viele Nächte wollen Sie bleiben?	¿Cuántas noches se quedará?
Wie lange wollen Sie bleiben?	¿Cuánto tiempo se quedará?
Ihr Zimmer steht ab 14 Uhr zur Verfügung.	Su habitación estará disponible a partir de las dos de la tarde.
Ihr Zimmer wird noch gereinigt.	Todavía están limpiando su habitación.
Füllen Sie bitte das Formular aus.	Rellene este formulario, por favor.
Sie haben Zimmer ...	Su habitación es la número ...
Hier ist Ihr Zimmerschlüssel.	Esta es la llave de su habitación.
Ihr Zimmer ist im ... Stock.	Su habitación está en el ...º piso.
Wir haben keine Zimmer frei.	No nos quedan habitaciones libres.
Wir haben noch einige freie Zimmer.	Todavía nos quedan habitaciones libres.
Ich wünsche Ihnen einen guten Aufenthalt.	Le deseo una feliz estancia.
Frühstück gibt es zwischen 8 und 10 Uhr.	El desayuno se sirve entre las ocho y las diez.
Möchten Sie auschecken?	¿Deja ya el hotel?
Waren Sie zufrieden?	¿Ha sido todo de su agrado?

Probleme

Könnten Sie mir bitte zeigen, wie ... funktioniert?
   der Fernseher
   die Klimaanlage
	¿Me podría decir, por favor, cómo funciona ...?
	   la tele
	   el aire acondicionado

Die Heizung ...
 Das Wasser ...
 Die Dusche ...
   funktioniert nicht.
	La calefacción ...
	 El agua ...
	 La ducha ...
	   no funciona.

Ich friere nachts.	Paso frío por las noches.

Probleme

Ich brauche ...
  noch ein Kissen
  eine dickere Decke
	Necesito ...
	  otra almohada
	  una manta más gruesa/
	  un edredón más grueso

Mein Bett ...
  ist kaputt
  ist zu kurz
  quietscht
	La cama ...
	  está rota
	  es demasiado corta
	  chirría

Meine Matratze ist ...
  zu hart
  zu weich
	El colchón es ...
	  demasiado duro
	  demasiado blando

Die Toilette ist verstopft.	El lavabo/inodoro está atascado.

Wichtige Ausdrücke

Unterkunft	el alojamiento
Doppelbett	la cama de matrimonio
Doppelstockbett	la cama nido
Jugendherberge	el albergue juvenil
Campingplatz	el camping
Pension	la pensión
Hotel	el hotel
Rezeption	la recepción
Schlüssel	la llave
alle Zimmer mit Bad	todas las habitaciones tienen cuarto de baño
Zimmer frei	habitaciones libres
alle Zimmer belegt	todas las habitaciones están ocupadas
ein Formular (ausfüllen)	(rellenar) un formulario
Tag der Ankunft	la fecha de llegada/entrada
Tag der Abreise	la fecha de salida
Zelt	la tienda de campaña
Wohnwagen	la caravana

Einkaufen

Verkäufer

Kann ich Ihnen helfen?	¿Puedo ayudarle en algo?
Was kann ich für Sie tun?	¿Qué puedo hacer por usted?
Werden Sie schon bedient?	¿Le atienden?
Wer ist der/die Nächste?	¿Siguiente?
Haben Sie noch einen Wunsch?	¿Algo más?
Ist das alles?	¿Eso será todo?
Wie viel/viele möchten Sie?	¿Cuánto/Cuántos quiere?
Welche Größe brauchen Sie?	¿Qué talla quiere?
Welche Schuhgröße haben Sie?	¿Qué pie calza?
Wäre auch eine andere Farbe okay?	¿Le gustaría otro color?
Möchten Sie das anprobieren?	¿Quiere probárselo?
Das ist im Angebot.	Está de oferta.
Kaufen Sie zwei zum Preis von einem.	Compre dos por el precio de uno.
Die Umkleidekabine ist dort.	El probador está por ahí.
Das Kleid steht Ihnen sehr gut.	El vestido le queda perfecto.
Ich kann das bestellen.	Se lo puedo encargar.
Ich schau mal im Lager nach.	Miraré en el almacén.
Wir haben/verkaufen keine Briefmarken.	Lo lamento, aquí no vendemos sellos.
Wir haben das zurzeit leider nicht mehr.	Lo lamento, ya no nos quedan.
Diesen Artikel führen wir nicht mehr.	Ya no vendemos ese artículo.
Das ist leider ausverkauft.	Lo lamento, éste está agotado.
Bezahlen Sie bitte an der Kasse.	Pague en la caja, por favor.

Kunde

Ich brauche …	Necesito …
Ich hätte gern …	Quisiera …, por favor.
Haben Sie …?	¿Tiene …?
Verkaufen Sie …?	¿Vende …?
Wo kann ich … kaufen?	¿Dónde puedo comprar …?
Wo bekomme ich …?	¿Dónde puedo conseguir …?
Wo finde ich …?	¿Dónde puedo encontrar …?
Souvenirs	souvenirs
Briefmarken	sellos
einen Film für die Kamera	un carrete para esta cámara
Batterien für die Kamera	pilas para esta cámara
Das passt mir nicht.*(Größe)*	No me queda bien.
Das steht mir nicht.	No me sienta bien.
Das gefällt mir nicht.	No me gusta.
Das ist zu …	Es demasiado …
klein/groß	pequeño/a / grande
lang/kurz	largo/a / corto/a
weit/eng	ancho/a / ajustado/a
teuer	caro/a
Haben Sie das in einer anderen Größe/Farbe?	¿Lo tiene en otra talla/otro color?
Ich trage Größe …	Uso la talla …
Kann ich das anprobieren?	¿Podría probarme esto, por favor?
Wo kann ich das anprobieren?	¿Dónde puedo probarme esto, por favor?
Wie teuer ist das?/Was kostet es?	¿Cuánto es?
Das ist alles.	Eso será todo.
Wo ist die Kasse?	¿Dónde está la caja?
Ich brauche eine Quittung.	¿Me puede dar un recibo, por favor?
Kann ich bitte eine Tüte haben?	¿Me da una bolsa, por favor?
Ich habe (leider) kein Kleingeld.	Lo lamento, no tengo cambio.
Kann ich mit Kreditkarte zahlen?	¿Aceptan tarjetas de crédito?

Was man einkaufen kann

Obst und Gemüse

Ananas	la piña
Apfel	la manzana
Banane	el plátano/la banana
Birne	la manzana
Erdbeere	la fresa
Gurke	el pepino
Kirsche	la cereza
Kopfsalat	la lechuga
Orange	la naranja
(grüne, gelbe, rote) Paprika	el pimiento (verde, amarillo, rojo)
Pfirsich	el melocotón
Pflaume	la ciruela
Tomate	el tomate
Weintrauben	la uva
Zitrone	el limón

Drogerieartikel

Creme	la crema
Duschbad	el gel de ducha
Feuerzeug	el mechero/el encendedor
Handtuch	la toalla
Hustenbonbons	los caramelos para la tos
Hustentropfen	el jarabe para la tos
Kerzen	las velas
Kohletabletten	las pastillas
Kopfschmerztabletten	las pastillas para el dolor de cabeza
Lippenstift	el pintalabios
Nasenspray	el spray nasal
Nasentropfen	las gotas nasales

Drogerieartikel

Papiertaschentücher	los pañuelos de papel
Seife	el jabón
Shampoo	el champú
Sonnencreme	la crema solar
Streichhölzer	las cerillas
Tierfutter	la comida para animales
Toilettenpapier	el papel higiénico
Zahnbürste	el cepillo de dientes
Zahncreme	la pasta de dientes/el dentífrico

Schreibwaren

Bleistift	el lápiz/el lapicero
Briefmarke	el sello
Briefpapier	el papel de cartas
Briefumschlag	el sobre
Buntstift	el lapicero/el lapiz de color
Kugelschreiber	la pluma
Lineal	la regla
Postkarte	la postal
Radiergummi	la goma de borrar
Spitzer	el sacapuntas
Stift	el bolígrafo/boli
Zeitschrift	la revista
Zeitung	el periódico

Technik

Adapter	el adaptador
Akku	la batería recargable
Batterie	la batería
Blitzlicht	el flash/la luz del flash

Technik

Film (*für Fotoapparat*)	el carrete
Fotoapparat	la cámara de fotos
Speicherkarte	la tarjeta de memoria
USB-Stick	la memoria USB/el pendrive

Kleidung

Badeanzug	el traje de baño
Badehose	el bañador
BH	el sujetador/el sostén
Bikini	el bikini
Bluse	la blusa
Hemd	la camisa
Hose	los pantalones
Jacke	la chaqueta/el abrigo
Jeans	los vaqueros
Kleid	el vestido
Pullover	el jersey
Rock	la falda
Schuhe	los zapatos
Socken	los calcetines
Stiefel	las botas
Strumpfhose	las medias/los pantis
Sweatshirt	la sudadera
T-Shirt	la camiseta
Weste	el chaleco

nützliche Vokabeln

offen	abierto
geschlossen	cerrado
Sommerschlussverkauf	las rebajas de verano
Winterschlussverkauf	las rebajas de invierno

Arzt und Apotheke

Beim Arzt

Nehmen Sie bitte im Wartezimmer Platz.	Haga el favor de sentarse en la sala de espera.
Was ist los?	¿Qué le sucede?
Was fehlt Ihnen?	¿Cuál es su problema?
Haben Sie ...?	¿Tiene ...?
Ich habe ...	Tengo ...
Er hat .../Sie hat ...	Tiene ...
Kopfschmerzen	dolor de cabeza
Halsschmerzen	dolor de garganta
Bauchschmerzen	dolor de estómago
Ohrenschmerzen	dolor de oído
eine Erkältung	un catarro
Fieber	fiebre
eine Magenverstimmung	un trastorno estomacal
hier Schmerzen	dolor aquí
Mir geht's nicht gut.	No me encuentro bien.
Mir ist ...	Me encuentro ...
Ihm/Ihr ist ...	Se encuentra ...
übel	mal
Ich habe mir den Fuß verstaucht.	Me he torcido el tobillo.
Sie hat sich den Arm gebrochen.	Se ha roto un brazo.
Ich wurde von einer Schlange gebissen.	Me ha mordido una serpiente.
Mich hat eine Wespe/Biene gestochen.	Me ha picado una avispa/abeja.
Ich brauche ...	Necesito ...
ein Pflaster	una escayola
Medizin	medicinas
Gute Besserung.	Recupérate rápido.

Beim Zahnarzt

Ich habe Zahnschmerzen.	Me duelen las muelas.
Ich habe ein Loch in meinem Zahn.	Tengo una caries en el diente.
Ein Stück von meinem Zahn ist abgebrochen.	Se me ha roto un trozo de diente.
Ich muss bohren.	Voy a tener que perforar ese diente.
Wir setzen eine Füllung ein.	Vamos a ponerle un empaste.
Möchten Sie eine Amalgam- oder Kunststofffüllung?	¿Quiere el empaste de amalgama o de composite?
Ich muss den Zahn ziehen.	Voy a tener que arrancar ese diente.
Nicht ziehen!	¡No me arranque ese diente!
Könnte ich eine Betäubungsspritze bekommen?	¿Podría ponerme anestesia?

In der Apotheke

Haben Sie ein Mittel gegen ...?	¿Tiene algo para ...?
Ich möchte gern Tabletten für ...	Necesito pastillas para ...
Ich brauche Tropfen für ...	Necesito unas gotas para ..., por favor.
Ich brauche etwas gegen ...	Necesito algo para ..., por favor.
Blasen an den Füßen	las ampollas
Heuschnupfen	la fiebre del heno
Sonnenbrand	las quemaduras del sol
Halsschmerzen	el dolor de garganta
Kopfschmerzen	el dolor de cabeza/la jaqueca
Regelschmerzen	el dolor menstrual
Erkältung	el resfriado/el catarro
eine verstopfte Nase	la nariz taponada
Lippenherpes	el herpes labial
Fußpilz	el pie de atleta
Durchfall	la diarrea
Verstopfung	el estreñimiento
Sodbrennen	el ardor de estómago
Das gibt es nur auf Rezept.	Sólo se vende con receta médica.
Sind Sie über mögliche Nebenwirkungen informiert?	¿Le han informado sobre los efectos secundarios?

Einnahme von Medikamenten

Nehmen Sie die Medizin ...	Tome esta medicina ...
... mal am Tag	... veces al día
... Tage lang	durante ... días
vor dem Essen	antes de las comidas
nach dem Essen	después de las comidas

Allergien

Haben Sie Allergien oder Unverträglichkeiten?	¿Tiene alguna alergia o intolerancia?
Könnte es eine allergische Reaktion sein?	¿Podría ser una reacción alérgica?
Ich würde Ihnen einen Allergietest empfehlen.	Le recomiendo un test de alergia.
Reagieren Sie allergisch auf ...?	¿Es usted alérgico/a ...?
Ich reagiere allergisch auf ...	Soy alérgico/a ...
Ich bin allergisch gegen ...	Soy alérgico/a ...
Er/Sie ist allergisch gegen ...	Es alérgico/a ...
Pollen	al polen
Hausstaub	al polvo
Katzen	a los gatos
bestimmte Lebensmittel	a ciertos alimentos
bestimmte Medizin	a ciertos fármacos
Dagegen bin ich allergisch.	Soy alérgico/a a esto.
Ich reagiere auf fast alles allergisch.	Soy alérgico/a a casi todo.

Körperteile, Organe und Krankheiten

Körperteile

Arm	el brazo
Auge	el ojo
Bauch	la tripa/el vientre/la barriga
Bein	la pierna
Brust	el pecho
Daumen	el pulgar
Ellenbogen	el hombro
Faust	el puño
Finger	el dedo
Fuß	el pie
Fußgelenk	el tobillo
Gesäß	las nalgas/los glúteos
Haare	el pelo
Hals	el cuello
Hand	la mano
Handgelenk	la muñeca
Hüfte	la cadera
Kinn	la barbilla
Knie	la rodilla
Kopf	la cabeza
Lippe	el labio
Mund	la boca
Nase	la nariz
Nasenloch	la ventana de la nariz
Oberarm	la parte superior del brazo
Oberschenkel	el muslo
Ohr	la oreja/el oído
Po	el culo/el trasero

Körperteile

Rücken	la espalda
Schläfe	la sien
Schulter	el hombro
Stirn	la frente
Taille	la cintura
Unterarm	la axila, el sobaco
Unterschenkel	la parte inferior de la pierna
Wade	la pantorrilla
Wange	la mejilla

Zahn
  Schneidezahn
  Eckzahn
  Backenzahn
  Weisheitszahn
	el diente
	  el incisivo
	  el canino
	  la muela
	  la muela del juicio

Zeh	el dedo de pie
Zunge	la lengua

Organe

Becken	la pelvis
Blase	la vejiga
Blinddarm	el apéndice
Brustkorb	el pecho
Darm	el intestino
Gebärmutter	la matriz, el útero
Gehirn	el cerebro
Gelenk	la articulación
Herz	el corazón
Knochen	el hueso
Leber	el hígado
Lunge	el pulmón
Magen	el estómago
Milz	el bazo

Organe

Muskel	el músculo
Niere	el riñón
Rippe	la costilla
Schädel	el cráneo
Schlüsselbein	la clavícula
Unterleib	el abdomen
Wirbelsäule	la columna vertebral

Krankheiten

Angina	una angina
Allergie	una alergia
Ausschlag	un sarpullido
Erkältung, Schnupfen	un catarro, un constipado, un resfriado
Grippe	una gripe
Magen-Darm-Grippe	una gastroenteritis
Lebensmittelvergiftung	una intoxicación alimentaria
Alkoholvergiftung	una intoxicación etílica
Blutvergiftung	un envenenamiento de la sangre
Blasenentzündung	una cistitis
Nierenentzündung	una nefritis
gebrochenes Bein	una pierna rota
gebrochener Arm	un brazo roto
Gehirnerschütterung	una conmoción cerebral
Hirnhautentzündung	una meningitis
Asthma	el asma
Asthma-Anfall	un ataque de asma
Windpocken	la varicela
Masern	el sarampión
Ziegenpeter, Mumps	las paperas
Herzinfarkt	un infarto

Beim Friseur

Termin vereinbaren

Ich hätte gern einen Termin.	Me gustaría pedir hora.
Brauche ich einen Termin?	¿Hay que pedir cita?
Kann ich gleich dableiben?	¿Me podría atender ahora mismo?
Wann ist der nächstmögliche Termin?	¿Para cuándo podría darme hora?
Wäre Ihnen ... recht?	¿Le vendría bien a las ...?
Könnten Sie in einer Stunde wiederkommen?	¿Podría volver dentro de una hora?

Frisuren

Bob	a lo garçon
Stufenschnitt	a capas
Kurzhaarschnitt	corto
Dreadlocks, Rastalocken	rastas
Hochfrisur	peinado alto
Föhnfrisur	brushing
Igelschnitt	pelo rapado
Haarknoten	un moño

Frisur

Wie hätten Sie's gern?	¿Qué le gustaría?
Wie soll ich Ihnen die Haare schneiden?	¿Qué corte de pelo desea?
Ich hätte gern eine Frisur wie diese.	Me gustaría un corte como este.
Glauben Sie, dass diese Frisur/Farbe mir stehen würde?	¿Cree que este corte/color me favorecería?
Ich hätte gern … die Spitzen geschnitten einen Bob etwas anderes eine moderne Frisur blonde Strähnchen	Me gustaría …, por favor que me cortara las puntas un corte a lo garçon algo diferente un corte moderno que me hiciera mechas rubias
Könnten Sie mir die Haare …? färben/tönen glätten	Podría … el pelo, por favor? teñirme/ alisarme
Können Sie mir die Haare eindrehen?	¿Podría hacerme una permanente?
Welche Farbe hätten Sie gern?	¿Qué tono le gustaría?
Welche dieser Farben hätten Sie gern?	¿Cuál de estos colores prefiere?
Diese Farbe gefällt mir gut.	Me gusta este color.
Ich habe vollstes Vertrauen in Ihre Fähigkeiten.	Confío plenamente en sus capacidades.
Ich hoffe, Sie wissen, was Sie da tun.	Espero que sepa lo que está haciendo.
Wie kurz soll ich schneiden?	¿Cómo lo quiere de corto?
Schneiden Sie nicht zu kurz.	Por favor no me lo corte demasiado.
Ich mag Kurzhaarschnitte (nicht).	(No) me gusta el pelo corto.
Möchten Sie die Haare nach vorn, nach hinten oder zur Seite?	¿Cómo prefiere que le peine: hacia adelante, atrás o el lado ?

nützliche Vokabeln

Haarschnitt, Frisur	el corte de pelo
Shampoo	el champú
Gel	el gel
Haaraufheller	el aclarador de pelo
Strähnchen	las mechas
färben	teñir
tönen	teñir
Bürste	el cepillo
Kamm	el peine
Föhn	el secador
Friseur	el peluquero
glätten	alisar
Glätteisen	planchar
Schere	las tijeras
Pflegespülung	el acondicionador
Locken	los rizos, el pelo rizado
glatte Haare	el pelo liso
Bart	la barba
Schnauzbart	el bigote
Lockenwickler	el rulo, el bigudí
Haarfestiger	el fijador
Trockenhaube	el secador
Schuppen	la caspa
Pony	el flequillo
Zopf, Pferdeschwanz	la coleta
Perücke	la peluca
rasieren	afeitar

Wetter

Wie ist das Wetter?

Wie ist das Wetter heute?	¿Qué tiempo hace hoy?
Wie wird das Wetter morgen?	¿Qué tiempo hará mañana?
Schöner Tag heute.	¡Qué bueno hace hoy!
Was für ein schreckliches Wetter!	¡Qué tiempo tan horrible!
Was für ein herrlicher Tag!	¡Qué día tan bueno!
Es regnet.	Está lloviendo.
Oje, es regnet.	Qué mal, está lloviendo.
Es schneit.	Está nevando.

Es ist ...	Está*/Hay**/Hace*** ...
Es wird ...	Estará*/Habra**/Hará*** ...
Morgen wird es ...	Mañana estará*/habrá**/hará*** ...
Gestern war es ...	Ayer estuvo*/hubo**/hizo*** ...
sonnig	*despejado
wolkig	*nublado
neblig	**niebla
stürmisch	**tormentas
windig	***viento
kalt/kühl/heiß	***frío/fresco/calor
kälter/kühler/wärmer	***más frío/más fresco/más calor

Es ist 1 Grad minus.	Hace un grado bajo cero.
Es sind 2 Grad plus.	Hace dos grados.
Für diese Jahreszeit sind die Temperaturen sehr mild.	Las temperaturas han sido bastante suaves para esta época del año.
Für diese Jahreszeit regnet es ziemlich viel.	Está lloviendo mucho para esta época del año. (*wenn es gerade regnet*)
	Ha estado lloviendo mucho para esta época del año. (*wenn es gerade nicht regnet*)

nützliche Vokabeln

Frühling	la primavera
Sommer	el verano
Herbst	el otoño
Winter	el invierno
Jahreszeit	la estación, la época del año
Temperatur	la temperatura
gefühlte Temperatur	la temperatura ambiente
Hochdruckgebiet	el anticiclón
Tiefdruckgebiet	la zona de bajas presiones
Blitz	el rayo/el relámpago
Donner	el trueno
Gewitter	la tormenta
Nebel	la bruma/la niebla
Überschwemmung	la inundación
Hitze	el calor
Trockenheit	la sequía
Wetterbericht	la previsión del tiempo
Unwetter	un temporal
Frost	la helada
Glatteis	el hielo
Regen	la lluvia
Hagel	el granizo
Graupel	granizo fino
Schnee	la nieve
Wind	el viento
Sturm	la tempestad
Orkan	el huracán
Wolke	la nube
bedeckt	cubierto
bewölkt	nublado
wechselhaft	variable

Ausgehen

Sich verabreden

Wann treffen wir uns?	¿A qué hora quedamos?
Treffen wir uns um 18 Uhr.	Quedamos a las seis.
Passt es dir um acht?	¿Te viene bien a las ocho?
Das würde mir gut passen.	Me viene bien.
Ist das nicht zu früh?	¿No es un poco pronto?
Wir treffen uns um zwei hier.	Nos vemos aquí a las dos en punto.
Wir treffen uns halb zwölf vor dem Club.	Nos vemos delante del club a las once y media.
Soll ich dich abholen?	¿Me paso a recogerte?
Kannst du mich abholen?	¿Me puedes venir a buscar?
Ich hole dich um ... ab.	Te paso a buscar a las ...

Tanzen

Lass(t) uns tanzen!	¡Vamos a bailar!
Möchtest du tanzen?	¿Quieres bailar?
Ja, gern.	Sí, me gustaría.
Ich bin zu müde.	Estoy demasiado cansado/a.
Ich mag das Lied nicht.	No me gusta esta canción.
Wollen wir noch mal tanzen?	¿Te gustaría bailar otra canción?

Danke, aber ich möchte ...
   mich ausruhen
   zu meinen Freunden
   jetzt gehen
	Gracias, pero me gustaría ...
	   descansar un momento
	   volver con mis amigos
	   marcharme ya

Du tanzt toll.	Eres un excelente bailarín. (*männl.*) Eres una excelente bailarina. (*weibl.*)

Musik

Gefällt dir …?
   das Lied
   die Musik
	¿Te gusta …?
	   esta canción
	   la música

Ja.	Sí.
Total.	Sí, muchísimo.
Ich liebe dieses Lied!	¡Me encanta esta canción!
Das ist mein Lieblingslied.	Es mi canción favorita.

Nicht so. Ich mag lieber …
   Popmusik
   Rockmusik
   klassische Musik
   Jazz
	No mucho, prefiero …
	   el pop
	   el rock
	   la música clásica
	   el jazz

Der DJ ist …
 Die Band ist …
 Die Musik ist …
   toll
   okay
   schrecklich
	El DJ es …
	 El grupo es …
	 La música es …
	   buenísima
	   decente
	   horrible

Die Musik ist sehr laut.	La música está muy alta.
Man kann nichts verstehen.	No se puede oír lo que dice la gente.

Theater, Konzert

Welches Stück/Musical würdest du gern sehen?	¿Qué obra/musical te gustaría ver?
Würdest du gern ...gehen? in die Oper ins Konzert zum Ballett	¿Te gustaría ir a ver ...? una ópera un concierto un ballet
Ich möchte bitte zwei Karten für ... vorbestellen.	Me gustaría reservar dos entradas para ..., por favor.
Ich hätte gern einen Platz im Parkett.	Quisiera un asiento en el patio de butacas.
Es gibt noch Karten.	Todavía quedan entradas.
Es gibt keine Karten mehr.	No quedan entradas.
Die Vorstellung beginnt 20 Uhr.	La función empieza a las ocho.

nützliche Vokabeln

Parkett	el patio de butacas/la platea
erster Rang	la galería superior
zweiter Rang	la galería
Loge	el palco
Abendvorstellung	la función de noche
Frühvorstellung	la función de tarde
Schauspieler/ Schauspielerin	el actor/la actriz
Sänger	el cantante
Theaterkasse	la taquilla
Publikum	el público
Applaus	el aplauso
applaudieren	aplaudir
Platzanweiser/Platzanweiserin	el acomodador/la acomodadora

Flirten

Die Lage checken

Schau mal!	¡Mira!
Ist er/sie nicht süß?	¿No te parece una monada?
Ich bin verrückt nach ihm/ihr.	Estoy loca/o por él/ella.

Ich finde ihn/sie ...
  gut
  blöd
  toll
  umwerfend
  sympatisch
	Me parece ...
	  encantador/a
	  horrible
	  genial
	  atractivo/a
	  guapo/a

Meinst du, er/sie mag mich?	¿Crees que yo le gusto?
Ich habe mein Bestes getan.	He hecho todo lo que he podido.
Er/Sie hat mich nicht mal bemerkt.	Ni siquiera se ha fijado en mí.

Verabredungen

Möchtest du ...?
  mit mir tanzen
  mit mir am Strand spazieren gehen
  die Nacht mit mir verbringen
  mich heiraten
	¿Te apetece ...?
	  bailar conmigo
	  dar un paseo por la playa
	
	  pasar la noche conmigo
	  casarte conmigo

Darf ich ...?
  dich zum Abendessen einladen
  dir einen Drink spendieren
  dich küssen
	¿Puedo...?
	  invitarte a cenar
	  invitarte a tomar algo
	  besarte

Wörter und Wendungen

Schwarm	un flechazo
heißer Typ, Schmacko	un tío bueno, cañón
Süße, Schnitte, Babe	una monada, una tía buena
die (wahre) Liebe	amor (verdadero)
lieben Ich liebe dich.	querer/amar Te quiero./Te amo.

Wörter und Wendungen

mögen	gustar
Ich mag dich.	Me gustas.
jemanden anquatschen/anmachen	ligar/enrollarse con alguien
Anmachspruch	línea de contactos
Liebesschwur	juramento de amor
Liebesbeweis	prueba de amor

Liebesschwüre

Du bist wunderschön.	Eres simplemente preciosa.
Du bist einfach umwerfend.	Eres adorable.
Ich hab Schmetterlinge im Bauch.	Tengo un cosquilleo en el estómago.
Ich bin total verknallt.	Estoy totalmente colado por ti.
Ich glaub, wir sind für einander geschaffen.	Creo que estamos hechos el uno para el otro.
Babe, du bist meine absolute Nummer eins.	Cariño, eres lo primero para mí.
Ich steh total auf dich.	Estoy colgado de ti.
Ich bin rattenscharf auf dich.	Estoy loquito por ti.
Ich kann deinem Charme nicht widerstehen.	No puedo resistirme a tus encantos.
Ich bin verrückt nach dir.	Me vuelves loco.
Ich hab mich total in dich verknallt.	Estoy totalmente pillado contigo.
Du hast mir mein Herz geraubt.	Mi corazón está en tus manos.
Du bist der Traum meiner schlaflosen Nächte.	No puedo dormir por las noches.
Du hast mich verzaubert.	Me has embrujado.
Ich werde dich für immer und ewig lieben.	Siempre te querré.
Ich kann dich nicht vergessen.	No puedo dejar de pensar en ti.
Ich denke Tag und Nacht an dich.	Pienso en ti día y noche.
Du bist unglaublich.	Eres increíble.
Du raubst mir den Atem.	Me dejas sin aliento.
Du bist unwiderstehlich.	Eres irrestistible.

Grundzahlen

1	uno	21	veintiuno
2	dos	22	veintidós
3	tres	23	veintitrés
4	cuatro	24	veinticuatro
5	cinco	25	veinticinco
6	seis	26	veintiséis
7	siete	27	veintisiete
8	ocho	28	veintiocho
9	nueve	29	veintinueve
10	diez	30	treinta
11	once	31	treinta y uno
12	doce	40	cuarenta
13	trece	50	cincuenta
14	catorce	60	sesenta
15	quince	70	setenta
16	dieciséis	80	ochenta
17	diecisiete	90	noventa
18	dieciocho	100	cien
19	diecinueve	1.000	mil
20	veinte	1.000.000	un millón

Die Zahl „Eins"

Die Ziffer „Eins" hat im Spanischen verschiedene Formen:

- ohne Nomen verwenden wir „uno"
- mit männlichem Nomen verwenden wir „un" (*un coche*)
- mit weiblichem Nomen verwenden wir „una" (*una mesa*)

Dies gilt auch für größere Zahlen, die auf „eins" enden:

21, 22, 23 – *veintiuno, veintidós, veintitrés*
41 Bäume – *cuarenta y un árboles*
101 Personen – *ciento y una personas*

Hunderter

Die Bezeichnung *cien* wird nur für die Ziffer 100 verwendet. Für die Zahlen 101 bis 199 verwenden wir *ciento*.

100 – *cien*
105 – *ciento cinco*

Die Zahlen 200 bis 900 werden folgendermaßen gebildet:

200 – *doscientos/-as*
300 – *trescientos/-as*
400 – *cuatrocientos/-as*
500 – *quinientos/-as*
600 – *seiscientos/-as*
700 – *setecientos/-as*
800 – *ochocientos/-as*
900 – *novecientos/-as*

Die Zahlen 200 bis 900 richten sich im Geschlecht nach dem Bezugswort:

230 Bäume – *doscient<u>os</u> treinta árboles*
950 Personen – *novecient<u>as</u> cincuenta personas*

Trennzeichen bei Tausendern

In einigen spanischsprachigen Ländern werden die Tausender wie im Deutschen durch Punkte getrennt, in anderen Ländern durch Kommas.

57.458.302
57,458,302

Ordnungszahlen

1°	primero	21°	vigésimo primero
2°	segundo	22°	vigésimo segundo
3°	tercero	23°	vigésimo tercero
4°	cuarto	24°	vigésimo cuarto
5°	quinto	25°	vigésimo quinto
6°	sexto	26°	vigésimo sexto
7°	séptimo	27°	vigésimo séptimo
8°	octavo	28°	vigésimo octavo
9°	noveno	29°	vigésimo noveno
10°	décimo	30°	trigésimo
11°	undécimo	31°	trigésimo primero
12°	duodécimo	40°	cuadragésimo
13°	decimotercero	50°	quincuagésimo
14°	decimocuarto	60°	sexagésimo
15°	decimoquinto	70°	septuagésimo
16°	decimosexto	80°	octogésimo
17°	decimoséptimo	90°	nonagésimo
18°	decimoctavo	100°	centésimo
19°	decimonoveno	1,000°	milésimo
20°	vigésimo	1,000,000°	millonésimo

Allgemeines zu den Ordnungszahlen

Die spanischen Ordnungszahlen richten sich im Geschlecht nach dem Nomen.

der zweite Bus – *el segundo autobús*
die zweite Tür rechts – *la segunda puerta a la derecha*

Die Zahl „Eins"

Wie die Grundzahl hat auch die Ordnungzahl für „Eins" im Spanischen verschiedene Formen:

- ohne Nomen verwenden wir „primero/primera"
  Manolo ist der Erste. – *Manolo es el primero.*
  Anita ist die Erste. – *Anita es la primera.*
- mit männlichem Nomen verwenden wir „primer"
  Das ist mein erstes Auto. – *Es mi primer coche.*
- mit weiblichem Nomen verwenden wir „primera"
  Es ist die erste Tür rechts. – *Es la primera puerta a la derecha.*

Ziffern

Die Ziffern werden im Spanischen nicht mit Punkt geschrieben. Stattdessen steht ein kleines hochgestelltes „o" (für männliche Nomen) bzw. „a" (für weibliche Nomen) hinter der Zahl.

Bei Zahlen, die aus mehreren Wörtern bestehen, richtet sich nur das letzte Wort nach dem Geschlecht des Nomens:

der 29. Läufer – *el 29º corredor/el vigésimo noveno corredor*
die 29. Läuferin – *la 29ª corredora/la vigésimo novena corredora*

Titel

Bei Königen und Königinnen wird die Ordnungszahl als römische Zahl geschrieben. Anders als im Deutschen wird im Spanischen vor der Ordnungszahl kein Artikel gesprochen:

Juan Carlos I – *Juan Carlos Primero*
Isabel I – *Isabel Primera*
Alfonso X – *Alfonso Décimo*

Uhrzeit

	umgangssprachlich	förmlich
6:00	las seis	las seis en punto
6:05	las seis y cinco	las seis y cinco minutos
6:15	las seis y cuarto	las seis y quince minutos
6:20	las seis y veinte	las seis y veinte minutos
6:30	las seis y media	las seis y treinta minutos
6:31	las seis y treinta y uno	las seis y treinta y un minutos
6:45	las siete menos cuarto	las seis y cuarenta y cinco minutos
6:50	las siete menos diez	las seis y cincuenta minutos

Die Uhrzeit wird im Spanischen (außer bei Fahrplan, Fernsehprogramm usw.) meist nur im 12-Stunden-Rhythmus angegeben. Wo dies zu Verwechslungen führen könnte, nutzt man folgende Zusatzangaben:

de la madrugada – nachts (im Sinne von „frühmorgens")

de la mañana – morgens

del mediodía – mittags

de la tarde – nachmittags

de la noche – abends/nachts

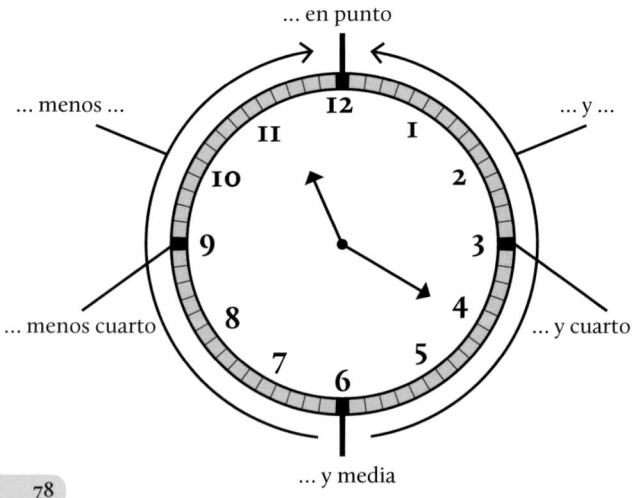

Datum

Monate		Wochentage	
Januar	enero	Montag	lunes
Februar	febrero	Dienstag	martes
März	marzo	Mittwoch	miércoles
April	abril	Donnerstag	jueves
Mai	mayo	Freitag	viernes
Juni	junio	Samstag	sábado
Juli	julio	Sonntag	domingo
August	agosto	Wochenende	fin de semana
September	septiembre	Wochentag	día entre semana
Oktober	octubre	Arbeitstag	día laborable
November	noviembre	Feiertag	día festivo
Dezember	diciembre		

Die Datumsangabe

Beim Datum wird nur der erste Tag im Monat als Ordnungszahl verwendet (wobei auch die Grundzahl möglich ist). Für alle weiteren Tage verwenden wir die Grundzahlen.

el primero de mayo / el uno de mayo
el dos de julio

Gibt das Datum an, wann etwas stattfindet, steht im Spanischen vor dem Tag normalerweise der bestimmte Artikel. Wenn jedoch der Wochentag mit genannt wird, entfällt der Artikel beim Datum.

Nos vamos de vacaciones el diez de agosto.
Nos vamos de vacaciones el sábado diez de agosto.

Gibt das Datum jedoch einfach nur an, welcher Tag ist, wird der Artikel vor dem Tag meist weggelassen (kann aber auch gesetzt werden).

Hoy/Mañana es (el) siete de octubre.

Zwischen Tag und Monat sowie Monat und Jahr steht die Präposition *de*.

el cinco de octubre de dos mil cinco

Vokabeln zu Uhrzeit und Datum

nützliche Vokabeln mit Zeitangaben

eben, vorhin	hace un momento
jetzt	ahora
gleich/bald	en un momento/pronto
später	más adelante
früher oder später	tarde o temprano
nie	nunca
immer	siempre
in zehn Minuten	dentro de diez minutos
in einer Viertelstunde	dentro de un cuarto de hora
in drei Viertelstunden	dentro de tres cuartos de hora
in einer halben Stunde	dentro de media hora
in einer Stunde	dentro de una hora
in zwei Stunden	dentro de dos horas
vor zwei Stunden	hace dos horas
nach drei Stunden	después de tres horas
heute	hoy
morgen	mañana
übermorgen	pasado mañana
gestern	ayer
vorgestern	antes de ayer
neulich	el otro día
diese Woche	esta semana
nächste Woche	la semana que viene
in einer Woche	dentro de una semana
vor einer Woche	hace una semana
nächsten Monat	el mes que viene
in einem Monat	dentro de un mes
letzten Monat	el mes pasado
vor einem Jahr	hace un año
vor langer Zeit	hace siglos

Feiertage

Neujahr	Año Nuevo
Dreikönigsfest	Epifanía/Día de Reyes
Valentinstag	San Valentín
Ostern	Semana Santa
Christi Himmelfahrt	Ascensión
Pfingsten	Pentecostés
Muttertag	Día de la madre
Vatertag	Día del padre
Allerheiligen	Todos los Santos
Volkstrauertag	Día del armisticio
Weihnachten	Navidad
Heiligabend	Noche Buena
Silvester	Noche Vieja
Nationalfeiertag	Festividad nacional
Freiheitstag	Día de la libertad
Tag der Wiedervereinigung	Día de la reunificación
Tag der Einheit	Día de la unidad
Tag der Schlacht von ...	Día de la batalla de ...

Feiertage in spanischsprachigen Ländern

Noche de San Juan (23.06.)	Mittsommerfest
Santiago Apóstol (25.07.)	Tag des Heiligen Santiago (*Schutzheiliger von Spanien*)
Día de la Asunción (15.08.)	Mariä Himmelfahrt
Día de la Hispanidad (*12.10.*) Día de la Raza (*Arg., Ec., Col., Mex.*) Día del Descubrimiento de Dos Mundos (*Chile*)	Tag der Hispanität, Kolumbustag (*spanischer Nationalfeiertag*) *Tag, an dem Kolumbus Amerika entdeckte*
Día de la Constitución (06.12.)	Tag der Konstitution *in einem Referendum wurde die spanische Verfassung am 6. Dezember 1978 vom Volk ratifiziert*
Día de la Inmaculada Concepción (08.12.)	Tag der unbefleckten Empfängnis

Eigene Vokabeln

....

....

....

....

....

....

....

....

....

....

....

....

....

....

....

....